Barry St. Clair

Jesus nachfolgen

Barry St. Clair

Der Jüngerschafts-Kurs
für junge Leute

JESUS nachfolgen

Kurs 1

Jüngerschaftskurse

Jesus nachfolgen (Band 1)
Zeit mit Gott verbringen (Band 2)
Jesus - mein HERR! (Band 3)
Meinen Glauben weitergeben (Band 4)
Meine Umwelt beeinflussen (Band 5)

3. überarbeitete Auflage 2004

ISBN 3-89436-168-9

St. Clair, Barry: Following Jesus

Zeichnung am Kapitelanfang und bei »Persönlich anwenden«: Joe van Severen

Übersetzung: Svenja und Friedrich Tröps, Siegen
Satz: CV Dillenburg
Umschlaggestaltung: Eberhard Platte, Wuppertal
Druck: Fuldaer Verlagsagentur
Printed in Germany

INHALT

DER AUTOR MELDET SICH ZU WORT

Jesus Christus hat positive Veränderungen in meinem Leben bewirkt. Er kann auch dein Leben verändern. Und er kann dich benutzen, um andere zu verändern!

Stell dich einfach zur VERFÜGUNG, und Jesus kann:

- ➜ dir helfen, ihn besser kennen zu lernen.
- ➜ in deinem Leben wirken, um dich zu einem reifen Christen zu machen.
- ➜ dich motivieren, anderen von Christus weiterzusagen.
- ➜ dich gebrauchen, anderen Christen beim Wachstum zu helfen.
- ➜ dich zu einem geistlichen Leiter machen.

Mein Ziel für dich ist: *»Wie ihr nun den Christus Jesus, den Herrn, empfangen habt, so wandelt in ihm, gewurzelt und auferbaut in ihm und gefestigt im Glauben, wie ihr gelehrt worden seid, darin überstömend mit Danksagung!«* (Kolosser 2,6-7).

Wenn das in deinem Leben wahr wird, dann kann, genau wie 2 • 2 = 4 und 4 • 4 = 16 ist (und so weiter), Jesus dich dazu gebrauchen, dass er sein Leben in anderen vervielfacht, um die Welt zu prägen. Wie das funktioniert? Ein Christ (wie du) führt jemand anderen zu Christus und hilft ihm zu wachsen. Dann kann der neue Christ auch jemand anderen zu Christus führen und ihm helfen, ein reifer Christ zu werden. Und so geht dieser Prozess immer weiter. Gott hat dir ein gewaltiges Vorrecht gegeben, ihn zu kennen und andere mit ihm bekannt machen zu dürfen. Und genau das ist es, worum es in deinem Leben und bei diesen Jüngerschaftskursen geht.

Dieses Kurs-Programm besteht aus fünf einzelnen Jüngerschafts-Trainingskursen, die entworfen wurden, um dir in deinem Wachstum als Christ zu helfen und dich letztlich zu einem entscheidenden Faktor in der »Multiplikationsrechnung« zu machen. »Jesus nachfolgen« ist das erste Buch in dieser Reihe. Die anderen Bücher heißen:

Zeit mit Gott verbringen (Band 2)
Jesus - mein HERR (Band 3)
Meinen Glauben weitergeben (Band 4)
Meine Umwelt beeinflussen (Band 5)

Gottes Wunsch und mein Gebet für dich ist, dass die Dinge, die du auf den folgenden Seiten entdeckst, nicht einfach in deinem Aktenordner verschwinden, sondern ein Teil deines Lebens werden. Möge alles, was du einmal in deinem Leben erreichen wirst, zu seiner Ehre und Verherrlichung dienen.

Barry St. Clair

SINN UND ZWECK DIESES KURSES

Dieser Kurs wird dir helfen, die Grundlagen eines Lebens mit Jesus Christus zu verstehen, und dir eine Starthilfe auf dem Weg echter Jüngerschaft sein.

Jüngerschaft kann folgendermaßen definiert werden:

- ➜ Auf eine unabhängige Weise abhängig
  von Jesus werden.
- ➜ andere Menschen lehren,
  von Gott unterwiesen zu werden.

Paulus fasste den Prozess persönlicher Jüngerschaft so zusammen: *»Ich bin ebenso in guter Zuversicht, dass der, welcher ein gutes Werk in euch angefangen hat, es vollenden wird bis auf den Tag Christi Jesu«* (Philipper 1,6).

Bevor du mit den Lektionen in diesem Buch beginnst, triff eine bewusste Entscheidung dafür, dass Jesus Christus alles, was er schon längst für dein Leben geplant hat, auch in die Tat umsetzen darf.

Vergiss nicht: Gott interessiert sich mehr für die Veränderungen in deinem Leben als für das, was du in dieses Buch hineinschreibst.

HINWEISE ZUM GEBRAUCH DIESES KURSES

1. GRUPPENSTUDIUM
Du kannst diesen Kurs als Mitglied einer feststehenden Gruppe (z. B. eines Hauskreises) durcharbeiten, die von einem Erwachsenen geleitet wird. Jedes Gruppenmitglied unterschreibt die Verbindlichkeits-Erklärung (S. 11) und erklärt sich damit einverstanden, dieses Buch Woche für Woche zum persönlichen Studium und Wachstum zu benutzen.

2. EINZELSTUDIUM
Du kannst diesen Kurs allein durchgehen, indem du jede Woche eine Lektion für dein persönliches Wachstum bearbeitest.

3. STUDIUM ZU ZWEIT
Frage einen Freund, der ebenfalls als Christ wachsen möchte, ob er nicht Lust hat, sich einmal wöchentlich zum Studium, Austausch und gemeinsamen Wachstum zu treffen.

4. STUDIUM MIT EINEM JÜNGEREN CHRISTEN
Nachdem du jede Lektion bewältigt und auf dein Leben angewandt hast, kannst du diesen Kurs auch mit jemand anderem durcharbeiten.

PRAKTISCHE TIPPS

So holst du das meiste aus diesem Buch heraus:

1. **Beginne jedes Bibelstudium mit Gebet!** Bitte Gott, dass er zu dir spricht.
2. **Benutze eine gute Bibelübersetzung!** Versuche es einmal mit der *Revidierten Elberfelder* Übersetzung. Für Einsteiger ist auch die *Hoffnung für alle* zu empfehlen.
3. **Bearbeite die Lektionen gründlich!**

➜ Schlage die angegebenen Bibelverse nach.

➜ Überlege dir eine gute Antwort.

➜ Schreibe deine Antwort auf.

➜ Notiere dir alle aufkommenden Fragen.

➜ Lerne die angegebenen Bibelverse auswendig. Benutze dazu die am Ende des Buches befindlichen Bibelvers-Karten. Gruppen sollten sich auf *eine* Übersetzung zum Auswendiglernen einigen, damit sie die Verse gemeinsam aufsagen können.

4. **Wende jede Lektion auf dein Leben an!**

➜ Bitte Gott, dass er dir hilft, so zu handeln, wie du es aus seinem Wort lernst.

➜ Gehorche ihm in Bezug auf deinen Freundeskreis, deine Einstellungen und dein Verhalten.

➜ Rede mit anderen Christen über die Entdeckungen, die du machst. Sie können dich ermutigen und dir Ratschläge geben.

FÜR MITGLIEDER EINER »JÜNGERSCHAFTS-FAMILIE«

(Hauskreis)

➜ Nimm dir an zwei Terminen in der Woche Zeit, die fällige Lektion zu bearbeiten. Bearbeite beim ersten Mal, falls du es schaffst, die komplette Lektion.
Das zweite Mal solltest du dann zum Wiederholen der Lektion nutzen, am besten am selben Tag oder am Tag vor dem nächsten Gruppentreffen.

➜ Nimm zu jedem Gruppentreffen deine Bibel, dieses Buch und Schreibzeug mit.

Verbindlichkeits-Erklärung

Ich, ________________________________, verpflichte mich zur Einhaltung folgender Punkte:

1. Ich will mich täglich Gott unterordnen und mich von ihm belehren lassen, damit ich als Christ wachse.
2. Ich werde an allen wöchentlichen Treffen teilnehmen, es sei denn, ich werde durch Krankheit oder zwingende Umstände daran gehindert. Wenn ich mehr als ein Treffen versäume, werde ich, falls dieser Schritt nach einer Aussprache von dem Gruppenleiter als notwendig empfunden wird, freiwillig aus der Gruppe ausscheiden.
3. Ich werde jede Woche gewissenhaft die Aufgaben erledigen.
4. Ich werde die Gemeindezusammenkünfte nicht versäumen, und dort meine Aufgaben treu wahrnehmen.

Ich habe verstanden, dass diese Verpflichtungen nicht allein gegenüber meinem Herrn gelten, sondern auch gegenüber der Gruppe und mir selber. Ich werde mein Bestes geben, um mit Gottes Hilfe jeden einzelnen der obigen Punkte einzuhalten.

Unterschrift ________________________________

AMTLICHE
GEBURTS-URKUNDE
KIND GOTTES
1. JOHANNES 3,1

1

Bist du dir sicher?

Die Gewissheit der Errettung finden

Stell dir vor, du kommst am Montagmorgen in die Schule und findest heraus, dass du die Klassenarbeit vom letzten Freitag total verhauen hast. Welchen Unterschied macht es nun, dass du eine persönliche Beziehung zu Jesus Christus hast?

Jemand ohne Jesus Christus hat außer seinen eigenen Mitteln nichts, um mit den Problemen, die ihm täglich ins Gesicht schlagen, fertig zu werden. Aber ein Christ kann jedes Problem und jeden Frust handhaben, indem er die Hilfsquellen benutzt, die ihm durch Jesus Christus zur Verfügung stehen.

Welche Hilfsquellen das genau sind, wirst du in den 10 Lektionen dieses Buches herausfinden. Aber um sie für dich selber anzuzapfen, musst du erst einmal fähig sein, drei grundlegende Fragen zu beantworten:

- ➜ Was ist ein Christ?
- ➜ Wie wird man ein Christ?
- ➜ Woher weißt du, ob du wirklich ein Christ bist?

WAS IST EIN CHRIST?

Warum, denkst du, hat Gott dich erschaffen?

Lies 1. Johannes 1,3, um Gottes Vorstellung darüber herauszufinden, warum er dich geschaffen hat. Wie würdest du nun diese Frage beantworten?

Ein Christ ist jemand, der eine persönliche Beziehung zu Jesus Christus hat. Aber diese Beziehung ist nicht etwas, mit dem du geboren wirst, oder das du dir verdienst oder kaufst.

Wirf einen Blick auf Römer 3,23 und 6,23.

- ➜ SÜNDE heißt so viel wie »das Ziel verfehlen«. Es bedeutet, dass du auf deinem eigenen Weg vorwärtsgehst anstatt auf Gottes Weg, und dass du dadurch von Gott getrennt bist.
- ➜ TOD bedeutet »geistliche Trennung«.

Um die Probleme mit der Sünde und dem Tod zu lösen und uns gleichzeitig in eine persönliche Beziehung zu ihm selbst zu bringen, hat Gott sich etwas Besonderes einfallen lassen. Lies Römer 5,8; 1. Korinther 15,3-4; 1. Petrus 3,18.

Beschreibe mit deinen eigenen Worten, was Gott getan hat.

____

____

____

____

Jetzt untersuche einmal mal die folgenden Verse aus dem Johannesevangelium, um herauszubekommen, warum Jesus überhaupt gekommen ist.

Johannes 1,4 ______________________________

1,11-13 ______________________________

1,17 ______________________________

2,19-22 ______________________________

3,3 ______________________________

3,16 ______________________________

Lies Philipper 2,6-11. Obwohl er es nicht musste, gab Jesus doch ganz freiwillig seine göttliche Existenz bei Gott, dem Vater, auf und kam in menschlicher Gestalt auf die Erde. So konnte er das Leben so erfahren, wie du es auch tust. Denk darüber mal eine Minute nach.

Damit er sich in dich hineinversetzen konnte, und du dich in ihn, DARUM WURDE GOTT MENSCH.

Jesus sah sich den gleichen Situationen ausgesetzt
wie du auch:

- Liebe
- Zurückweisung
- Freude
- Trauer
- Gesundheit
- Schmerz
- Freundschaft
- zerbrochene Beziehungen

Aber zusätzlich hat er sogar noch sein Leben für dich geopfert. Weil er dich so sehr geliebt hat, ertrug er willig die Demütigung und den Schmerz des Todes am Kreuz, um die Strafe für deine Sünden zu bezahlen.

Wenn du nun darüber nachdenkst, was Jesus Christus für dich getan hat, was empfindest du dann?

JESUS CHRISTUS ANNEHMEN

Wie denkst du, wird man Christ?
Schreibe deine Vorstellungen darüber hier auf.

Stimmt das, was du geschrieben hast, mit Gottes Vorstellung überein? Um sicher zu gehen, sieh dir die folgenden fünf Schritte an, die aufzeigen, wie man ein Christ wird.

5 SCHRITTE, DIE ZEIGEN, WIE MAN CHRISTUS AUFNIMMT

Lies dir bei jedem Schritt die Bibelstelle durch und beantworte die Frage. Lies erst dann die hinzugefügten Bemerkungen und schreibe in den dafür vorgesehenen Freiraum auf, wie du auf den jeweiligen Schritt schon reagiert hast oder wie du noch darauf reagieren musst.

1 Gib zu, dass du Jesus brauchst.

Lies Römer 3,10. Warum brauchst du Jesus?

____

____

____

Die menschliche Natur ist von Grund auf rebellisch und lehnt Gott ab. Sie kann dich veranlassen zu sagen: »Ich brauche Gott nicht.«

Aber durch Gottes Gnade kannst du sagen: »Ich brauche Gott.« Gott schenkt dir Gnade, damit du zugeben kannst, dass du ihn brauchst.

GNADE ist das »kostenlose Geschenk Gottes«, um dir zu helfen, zu Jesus zu kommen, und um dir die Kraft zu geben, für ihn zu leben.

Wie stehst du zu Schritt 1?

2 Kehre deinen Sünden den Rücken zu.

Was sagt dir Markus 1,15 über die Umkehr von deinen Sünden?

BUSSE TUN heißt »umkehren« - sich von einem ich-bezogenen, selbst bestimmten Leben abwenden.

Wie sieht es bei dir mit Schritt 2 aus?

3 Übergib Jesus dein Leben.

Was musst du gemäß Johannes 1,12 und 2. Korinther 5,15 tun, um dein Leben Christus zu übergeben?

CHRIST SEIN heißt: »Christus in sich haben.« Christus lebt in dir. Er übernimmt die Kontrolle in deinem Leben.

Wie sieht es mit Schritt 3 bei dir aus?

4 Glaube, dass er in dir lebt und dass er dich errettet hat.

Was sagt Johannes 3,16-18 über den Glauben an Christus?

GLAUBE heißt: »absolutes Vertrauen« - Jesus jetzt und jeden Tag vertrauen.

Wie stehst du zu Schritt 4?

5 Jesus gehorsam sein

Welche ersten Schritte des Gehorsams musst du nach Johannes 8,31 und Römer 10,8-10 unternehmen?

Die Taufe ist ein einfaches Zeichen, um sich öffentlich zu Christi Tod, Begräbnis und Auferstehung zu bekennen. Was für andere Möglichkeiten gibt es noch, sich zu Jesus Christus zu bekennen? Schlage in Matthäus 28,18-20, Apostelgeschichte 2,41-47 und 8,35-39 nach. Schreibe dann deine Antwort auf.

**GEHORSAM heißt:
in jeder Entscheidung, an jedem Tag
JA zu Jesus zu sagen.**

Wie sieht es mit Schritt 5 bei dir aus?

Diese Schritte, die dir zeigen, wie man Christ wird, bringen dich auch in eine persönliche Beziehung mit Jesus Christus. Geh noch einmal zurück und überdenke jeden einzelnen der Schritte, um herauszufinden, wo du in deiner persönlichen Beziehung zu ihm stehst.

1.

2.

3.

4.

5.

WISSEN, DASS DU GOTT GEHÖRST

Schlage in deiner Bibel eines der eindrucksvollsten Bücher des Neuen Testaments auf - den ersten Brief des Johannes. Er enthält total viel von dem, was Christus getan hat, um dich zu retten. Am besten liest du es selber nach!

Was darfst du nach 1. Johannes 5,11-13 wissen?

____

____

____

Lies 1. Johannes 2,3 - 5,1. Wie kannst du ganz sicher wissen, ob du wirklich ein Christ bist - also ein Kind Gottes? Schreibe auf, was du aus jedem der angegebenen Verse lernst.

2,3-6 ______________________________________

____

____

3,14 ______________________________________

____

____

____

3,24; 4,13 ________________________________

____

____

4,15 ________________________________

____

____

5,1 ________________________________

____

____

PERSÖNLICH ANWENDEN!

Wenn du Jesus noch nicht gebeten hast, in dein Leben zu kommen, darfst du das in diesem Augenblick gerne tun. Dieses Gebet kann dir helfen:

> *»Herr Jesus, ich gebe zu, dass ich egoistisch bin. Ich bekenne dir meine Sünden und kehre um zu dir und bitte dich, in mein Leben zu kommen. Herr Jesus, ich gebe dir mein Leben. Ich bitte dich, übernimm jetzt in allem die Führung. Mehr als alles in der Welt will ich dir folgen und gehorchen. Amen.«*

Wenn du Jesus schon gebeten hast, in dein Leben zu kommen, danke ihm dafür, dass er in dir wohnt. Sage ihm im Gebet die Gründe für deine Gewissheit, dass er in dir lebt und du errettet bist.

Lerne 1. Johannes 5,11 auswendig.

Die großartige Entdeckung

Gottes Absicht für dein Leben erkennen

Beende folgenden Satz:

Der Sinn meines Lebens ist ______________________

____

____

____

Stimmt das, was du hier als Sinn deines Lebens aufgeschrieben hast, mit Gottes Ziel und Zweck für dein Leben überein? Lass uns das mal unter die Lupe nehmen.

GOTTES ZIEL Nr. 1: GOTT WILL EINE LIEBESBEZIEHUNG ZU DIR.

Schreibe mit deinen eigenen Worten auf, was Matthäus 22,36-38 über den Sinn deines Lebens aussagt!

Deine Beziehung zu Gott beginnt mit der Neugeburt, also genau in dem Moment, in dem du sein Kind wirst.

Diese Beziehung führt zu einer echten Gemeinschaft - einem Prozess des Lebens in Harmonie mit Gott als deinem Vater. Die Gemeinschaft kann aber durch deinen Eigenwillen gegenüber dem Vater unterbrochen werden. Wenn du dich nämlich gegen Gott auflehnst und Dinge tust, von denen du genau weißt, dass sie falsch sind (Sünde), wird zwar nicht deine Beziehung zu Gott zerstört, aber die Gemeinschaft mit ihm geht verloren.

Wie kannst du deine Gemeinschaft zu Gott wiederherstellen und aufrechterhalten?

Gemeinschaft wiederherstellen

Wie sollst du dich verhalten, wenn Sünde in deinem Leben die Gemeinschaft zu Gott unterbrochen hat? Um diese Frage zu beantworten, lies 1. Johannes 1,9, unterstreiche den Vers in deiner Bibel und kreise das Wort »bekennen« ein.

BEKENNTNIS STELLT GEMEINSCHAFT WIEDER HER.

Aber was heißt Bekenntnis eigentlich? Schauen wir uns das einmal genauer an.

Sünde bekennen beinhaltet zwei Dinge:

➜ Gott zustimmen, dass es Sünde ist und dass es falsch ist.

➜ Von dem zu lassen, wovon er dich überführt hat, dass es falsch ist.

Verbringe jetzt einige Minuten allein im Gebet. Bitte Gott, dass er dir jede noch nicht bekannte Sünde deines Lebens zeigt. Schreibe sie auf ein Blatt Papier.

Dann, auf Grundlage des Versprechens in 1. Johannes 1,9, BEKENNE diese Sünden namentlich und danke Gott für seine Vergebung und Reinigung. Verbrenne die Liste anschließend als ein Zeichen deines Glaubens, dass Gott gemäß seinem Versprechen gehandelt hat.

Gemeinschaft aufrecht erhalten

Sich für eine Unterhaltung Zeit nehmen, belebt die Freundschaft und lässt deine Liebe zu einer Person wachsen. Das ist sowohl bei Pärchen als auch bei anderen Freundschaften ganz klar der Fall. Und das gilt auch für deine Gemeinschaft mit Christus. Je mehr Zeit du dir für ihn nimmst - ihn besser kennen lernst -, um so tiefer wächst eure Gemeinschaft.

KOMMUNIKATION ERHÄLT GEMEINSCHAFT.

Aber wie kannst du mit Gott kommunizieren?

Kommunikation mit Gott berücksichtigt zwei Dinge.

Lies Hebräer 4,12.16 und vervollständige die Aussagen.

➜ Auf Gott hören durch ______________________________

➜ Mit Gott reden durch ______________________________

GOTTES ZIEL Nr. 2: GOTT WILL, DASS DU ZU EINEM REIFEN KIND GOTTES HERANWÄCHST - DASS DU JESUS MEHR UND MEHR ÄHNLICH WIRST.

Gib mit eigenen Worten wieder, was Römer 8,29 über den Sinn deines Lebens aussagt.

Warum solltest du mehr und mehr wie Jesus werden wollen?

- ➜ Um Gott zu gefallen (Matthäus 3,17).
- ➜ Um wachsendes Bewusstsein und Empfinden der Erfüllung und Freude zu erleben (Johannes 15,11).

Erfolgreich sein heißt, den Sinn und Zweck deines Lebens zu erfüllen. Ein Stift zum Beispiel ist nur erfolgreich, wenn er auch schreibt. Du bist erfolgreich, wenn du Gottes Ziel für dein Leben erfüllst - wie Jesus zu sein und Gemeinschaft mit ihm zu haben.

Wenn das deine Bestimmung ist, dann sollte es auch dein Ziel sein, so wie Jesus zu werden. Du bist erfolgreich, wenn du dich diesem Ziel immer mehr näherst.

Wie kannst du dich diesem Ziel nähern?

- ➜ Erlaube seinem Geist (Christus in dir) und seinem Wort, deine Aussagen, Gedanken und Taten voll und ganz zu bestimmen und zu verändern (Galater 5,19-23; Römer 12,2).
- ➜ Lass Gott alles, was dir widerfährt, dazu gebrauchen, dich Jesus ähnlicher zu machen (Römer 8,28-29).

GOTTES ZIEL Nr. 3: GOTT WILL, DASS DU ANDEREN HILFST, GENAU WIE DU DIESES GROSSARTIGE NEUE LEBEN IN CHRISTUS ZU FINDEN.

Schreibe mit eigenen Worten auf, was Markus 1,17 über den Sinn und Zweck deines Lebens aussagt.

____

____

____

____

____

Wie kannst du anderen helfen, neues Leben in Christus zu bekommen?

➜ Indem du durch deine veränderten Ansichten und Taten anderen Jesus zeigst (Matthäus 5,14-16). Überlege, wo und wie er dich verändert hat und schreibe es hier auf:

____

____

____

____

____

➜ Indem du anderen erzählst, inwiefern Jesus für dein neues Leben verantwortlich ist und wie auch sie ihn kennen lernen können (2. Korinther 5,16-20).

In Verbindung mit dem »Gesetz der Ernte« erklärte der Apostel Paulus, dass jemand immer genau das erntet, was er zuvor gesät hat (2. Korinther 9,6-11). Glauben funktioniert genauso. Einer der besten Wege, deinen Glauben an Jesus Christus zu stärken, ist, anderen von Jesus Christus weiterzusagen! Je mehr du ihn (den Herrn Jesus) weitergibst, desto mehr wird dein Glaube wachsen!

PERSÖNLICH ANWENDEN!

Nimm dir 20 Minuten Zeit und überdenke die Einsichten, die du in dieser Lektion gewonnen hast. Dann schreibe auf, wie du jetzt über den Sinn und Zweck deines Lebens denkst.

Lerne Philipper 1,6 auswendig.

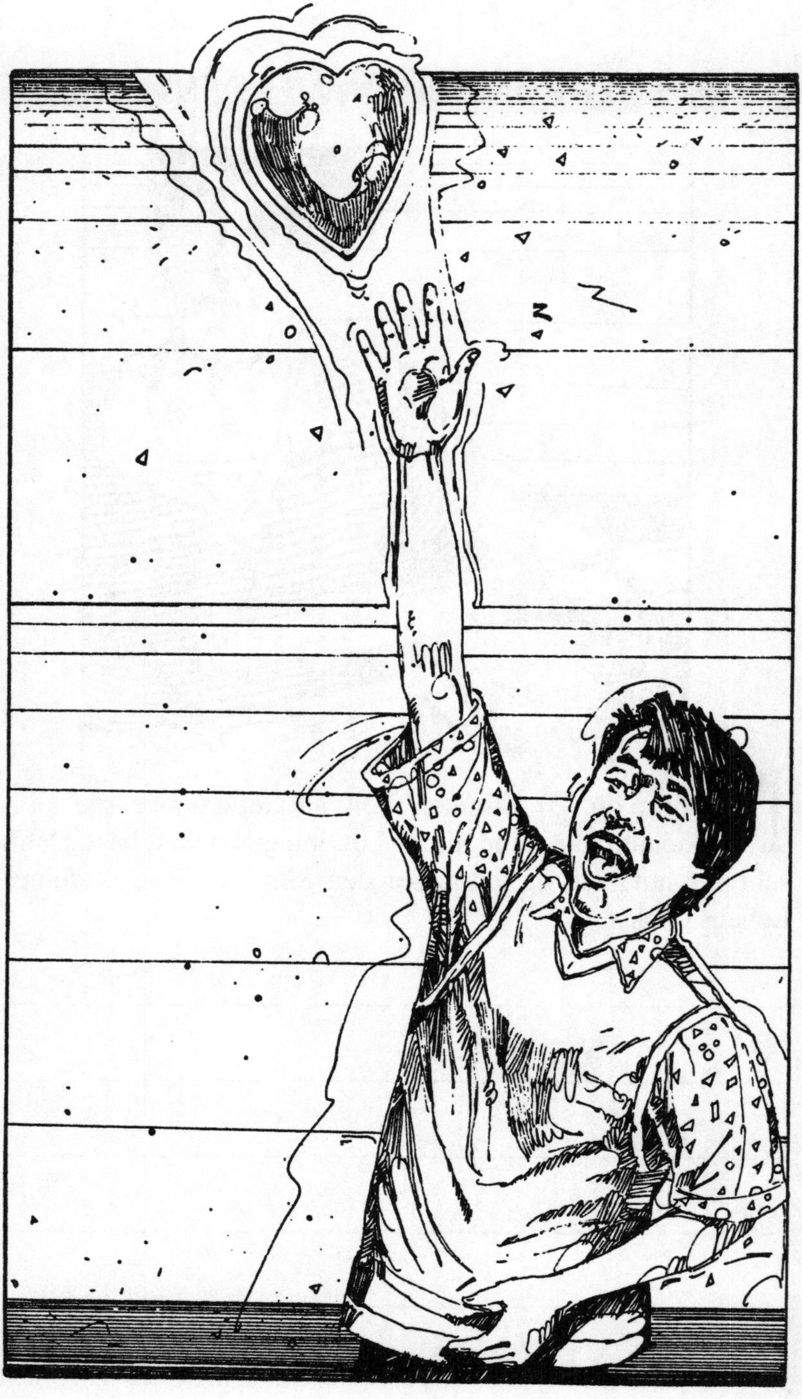

3

Jede Menge Liebe

Gottes Liebe empfangen

Überlege dir mal, auf welche Art und Weise du in deinem bisherigen Leben Erfahrungen mit Liebe gemacht hast.

Schreibe in dieses Herz eine Auswahl von Begriffen, die deine positiven Erfahrungen mit Liebe beschreiben.

Schreibe nun in dieses zerbrochene Herz Begriffe für deine negativen Erlebnisse mit Liebe.

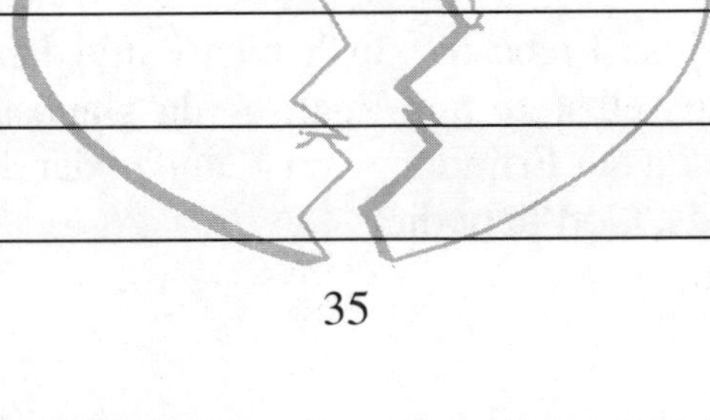

»Die Liebe ist aus Gott« (1. Johannes 4,7). In ihm ist ihr Ursprung. Er ist die Quelle der Liebe. Aber trotzdem fällt es vielen Leuten sehr schwer, Gottes Liebe anzunehmen. Warum? Weil entweder ihre Auffassung von Liebe sehr unzureichend ist, oder weil sie vielleicht durch negative Erfahrung mit menschlicher Liebe sehr enttäuscht wurden. Um ein zutreffendes Bild von echter Liebe - Gottes Liebe - zu gewinnen, lass uns einmal die Unterschiede zwischen menschlicher und göttlicher Liebe untersuchen.

MENSCHLICHE LIEBE im Gegensatz zu GOTTES LIEBE

»Mit Bedingungen« im Gegensatz zu **»Bedingungslos«**

✘ *Menschliche Liebe stellt Bedingungen.*
»Wenn du ein cooler Typ bist, dann liebe ich dich.« - »Wenn du im Mittelpunkt stehst, dann liebe ich dich.« - »Weil du so viel Geld für mich ausgibst, deshalb liebe ich dich.« - »Weil du dich richtig verhältst, gut riechst und gut aussiehst, deshalb liebe ich dich.«

✘ *Gottes Liebe ist bedingungslos.*

Lies Römer 5,8. Gottes Liebe ist bedingungslos, und das heißt, dass er dich in jedem Fall liebt, komme was wolle. Du musst dir nicht erst seine Liebe verdienen. Gott liebt dich, mit Warzen, Pickeln und allem drum und dran.

Bedingungslose Liebe hat auch nichts mit deiner Einschätzung von dir selbst zu tun. Egal, ob du glaubst, dass du das Tollste bist seit der Erfindung von Nutella oder der letzte Müll auf der Halde, Gott liebt dich.

»Geizig« im Gegensatz zu **»Aufopfernd«**

✘ *Menschliche Liebe ist geizig.*
»Wenn nichts Wichtigeres dazwischenkommt, kann ich vielleicht ein bisschen Zeit für dich erübrigen - vielleicht besorge ich auch ein Geschenk für dich (nur wenn's nicht zu teuer ist). Aber versprechen kann ich dir nichts.« Geizige Liebe hält sich zurück. Wenn's hart auf hart kommt, kannst du nicht wirklich auf sie zählen. Der Schein trügt.

✘ *Gottes Liebe ist aufopfernd.*

Lies Johannes 3,16. Schau auf das Kreuz. Was für ein Zeichen von Opferbereitschaft! Gott sagt: »Ich liebe dich so sehr, dass ich bereitwillig meinen eigenen Sohn für dich gab.« Sein Sohn war ihm das Liebste ... und er hat ihn trotzdem für dich gegeben!

»Eigennützig« im Gegensatz zu **»Dienend«**

✘ *Menschliche Liebe ist eigennützig.*
Eigennützige Liebe verfährt nach dem Motto: »Eine Hand wäscht die andere.« Hinter eigennütziger Liebe steckt immer ein Hintergedanke. Er heißt: »Ich will das, was ich will, und genau dann, wann ich will.« Sie gibt nur dann etwas, wenn hinten wieder etwas dabei herausspringt.

✘ *Gottes Liebe ist dienend.*
Dienende Liebe erwartet keinen Lohn und wird oft in aller Bescheidenheit ausgeführt. Jesus erwies seinen Jüngern diese Liebe, als er ihnen die Füße wusch (Johannes 13,1-17). Das war eine demütige Handlung, aber er tat es, um dienende Liebe zu demonstrieren.

Gott ist immer da, wenn du ihn brauchst. Er ist immer bereit, dir zu helfen. Er ist nie zu beschäftigt für eine Störung.

»Nachtragend« im Gegensatz zu **»Vergebend«**

✘ *Menschliche Liebe ist nachtragend.*
Jemand, der von seinem besten Freund betrogen wurde oder durch Scheidung von einem Elternteil getrennt wurde, kann eine Menge Bitterkeit in sich anstauen. Wenn er seinen Groll pausenlos mit sich herumträgt, drückt er damit in Wirklichkeit aus: »Ich werde ihm/ihr niemals vergeben.«

✘ *Gottes Liebe ist vergebend.*

Lies Kolosser 2,13-14. Manche Leute glauben, dass die Dinge, die sie getan haben, so schlimm sind, dass Gott ihnen niemals vergeben wird. Aber ER WIRD. Erinnere dich an sein Versprechen: *»Wenn wir unsere Sünden bekennen, so ist er treu und gerecht, dass er uns die Sünden vergibt und uns reinigt von jeder Ungerechtigkeit«* (1. Johannes 1,9). Gottes Liebe ist so groß, dass er uns vergibt und unsere Schuld hinwegnimmt.

»Begrenzt« im Gegensatz zu **»Unausschöpflich«**

✘ *Menschliche Liebe ist begrenzt.*
Wenn ein junger Mensch, der mit seinen Eltern nicht klar kommt, sich sagt: »Ich werde sie lieben, und wenn es das Letzte ist, was ich tue«, dann ist es das mit aller

Wahrscheinlichkeit auch. Gerade, wenn er denkt, das er alles unter Kontrolle hat, verliert er die Beherrschung und brüllt seine Mutter an, um sich dann missmutig in seinem Zimmer zu verkriechen. Bei dem Versuch, andere zu lieben, kommt man ohne Gottes Liebe nicht aus.

✘ *Gottes Liebe ist unausschöpflich.*
Wenn du Gottes Liebe erlaubst, dich zu durchtränken, wird sie durch dich hindurch fließen und auch andere erreichen. Gottes Liebe kann dein Leben so sehr verändern, dass du jeden (Eltern, Ex-Freunde, Feinde) in jeder Situation zu lieben vermagst - und nicht nur mal hier und da ein kleiner Funken Liebe, sondern ein ganzes Feuer (2. Korinther 5,16-17).

GREIFBARE LIEBE

Du kannst so lange über Liebe nachdenken, wie du willst, aber das ist noch lange nicht genug. Du musst sie schon spürbar werden lassen - einfach greifbar.
Jesus gab seinen Nachfolgern die zwei größten Gebote. (Lies Markus 12,28-31.)
Jetzt wollen wir dieses erste Gebot mal genauer untersuchen. (Zu dem zweiten Gebot kommen wir dann nächste Woche.) Fasse in deinen eigenen Worten Jesu erstes Gebot zusammen (Markus 12,30).

____

____

____

____

»Wir lieben, weil er uns zuerst geliebt hat« (1. Johannes 4,19).

Gott liebt dich und wünscht sich, dass seine Liebe erwidert wird.

Liebe sollte keine Einbahnstraße sein. Wenn ein Junge mit einem Mädchen ausgeht und schließlich den Mut findet, ihr einzugestehen: »Ich liebe dich«, und das Mädchen antwortet: »Zieh Leine«, haben die beiden nicht gerade eine Beziehung. Wenn du deine Liebe zu Gott nicht auf irgendeine Art und Weise äußerst, dann sagst du ihm durch die Blume: »Zieh Leine«.

Halbherzige Liebe reicht bei Gott nicht aus. Er will, dass du ihn aus deinem ganzem Herzen, aus deiner ganzer Seele, aus deinem ganzem Verstand und aus deiner ganzen Kraft liebst (Markus 12,30).

PERSÖNLICH ANWENDEN!

Überlege, was es heißt, Gott mit ganzem Herzen, Seele, Verstand und Kraft zu lieben. Bedenke: Gott ist die Liebe. Er hat mit dieser ganzen Liebesgeschichte angefangen. Und er ist derjenige, der dir die Fähigkeit zum Lieben gibt.

Wie kannst du ihn aus ganzem Herzen lieben (Gefühle)?

____

____

Wie kannst du ihn aus ganzer Seele lieben (Persönlichkeit, Einstellung, Gewohnheiten)?

____

____

Wie kannst du ihn mit deinem ganzen Verstand lieben (Intelligenz, Gedanken)?

Wie kannst du ihn mit ganzer Kraft lieben (Körperkraft)?

Wie kannst du Gott deine Liebe zu ihm zeigen? Untersuche das in Johannes 14,21. Beschreibe die Aussage mit eigenen Worten.

Lerne Johannes 3,16 auswendig!

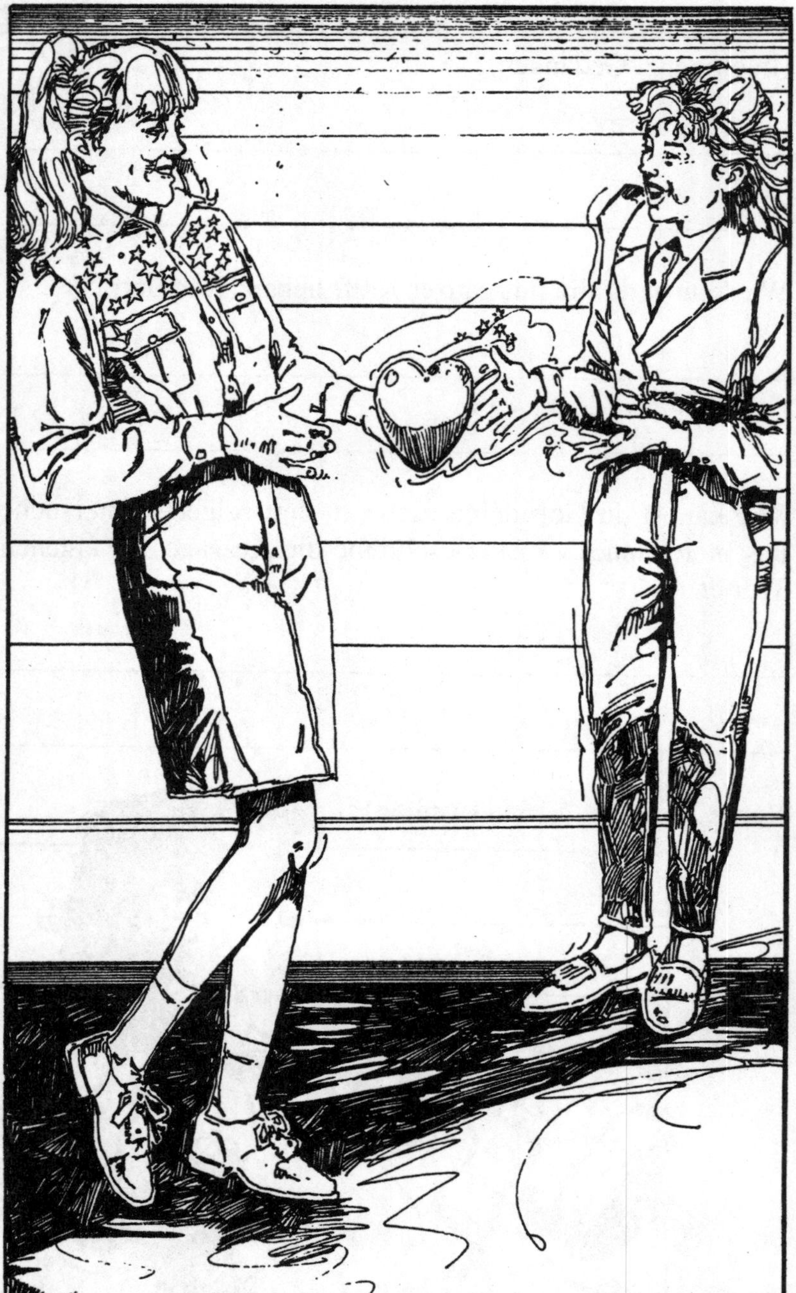

4

Liebe überfließen lassen

Sich selbst und andere lieben

Gibt es jemanden, bei dem es dir momentan schwerfällt, ihn zu lieben? Schreibe den Namen der Person hier auf:

In *Lektion 3* hast du das erste Gebot, das Jesus seinen Jüngern gab, untersucht - Gott aus ganzem Herzen, Seele, Verstand und Kraft zu lieben (Markus 12,30). Aber das war noch nicht alles, was Jesus wollte.

Lies Markus 12,31. In deinen eigenen Worten, wie lautet dieses zweite Gebot von Jesus?

Manchmal hat jemand die größten Probleme, andere zu lieben, weil er niemals gelernt hat, sich selbst zu lieben und zu akzeptieren. Dich nicht selbst zu lieben, heißt nichts anderes, als dass du

Gottes Einschätzung deiner selbst kritisierst, der dich nämlich für eine liebenswerte Person hält und es der Mühe wert erachtet, sich mit dir zu beschäftigen. Wenn du dich selbst nicht akzeptierst, kann es leicht passieren, dass du bei anderen genau die Mängel und Fehler suchst und verachtest, die du an dir selber auch nicht magst. Aber erinnere dich, Gott ist die Quelle der Liebe, er kann dich dazu befähigen, sowohl dich selbst als auch andere zu lieben. Schauen wir mal weiter.

LIEBE DICH SELBST

Just in diesem Augenblick lesen einige Jungs dies und sehen sich in Gedanken vor dem Badezimmerspiegel stehen, während sie ihre Muskeln spielen lassen. Einige von euch Mädels starren in denselben Spiegel und bewundern ihr tolles Aussehen. Und sie fragen sich: »Ist es das, was 'sich selbst lieben' heißt?«
Nein! Liebe würdigt jemanden für das, was er/sie ist, nicht für sein/ihr Aussehen. Das heißt auch SELBSTANNAHME. Aber die meisten jungen Leute können das nicht. Warum nicht?

- ➜ Wegen ihrem Erscheinungsbild: »Ich bin zu groß, schmal, dünn, klein, dick, sehe einfach blöd aus.«
- ➜ Wegen ihren Eltern: »Meine Eltern streiten sich, sind geschieden, verachten mich.«
- ➜ Wegen ungenügenden Fähigkeiten: »Ich bin blöd. Ich habe kein Talent. Ich schaffe es noch nicht einmal, Gitarre zu spielen; selbst das Radio kriege ich kaum in den Griff.«

Was passiert also? Du fängst an zu denken ...

- ➜ *Die anderen sind klüger, gewitzter und besser als ich, also muss das, was sie tun, OK sein.* Und schon übernimmst du die Wertvorstellungen und Ansichten der Leute um dich herum.
- ➜ *Ich bin nur wegen meinen Eltern immer so unglücklich; aber zur Abwechslung zeig ich's denen jetzt mal.* Und du beginnst, gegen sie zu rebellieren.

➜ *Gott hat mich als wandelnde Katastrophe erschaffen; warum sollte ich etwas mit ihm zu schaffen haben wollen?* Und du wirst wütend auf Gott.

Niemand liebt mich!
Ich bin eine Katastrophe!
Warum kann ich nicht einmal was richtig machen?
Ich bin eine Niete!
Ich bin deprimiert!
Was soll ich bloß machen?

Schreibe auf, in welchen Punkten du dich selbst nicht akzeptierst.

____

____

____

Aber du darfst dich trotz all dieser Dinge bejahen! So machst du es richtig:

1 Sich selbst bejahen

Liste all die Dinge auf, die du bei dir selber magst, und danke Gott dafür. Sei ehrlich.

____

____

____

2 Mach dir klar: Jesus lebt in dir.

Versteh endlich, dass wenn Jesus in dir lebt, du nicht nur schon OK bist, sondern dass er auch alles weitere verändern kann und wird. Liste nun all die Dinge auf, die Gott bei dir noch verändern muss; dann danke Gott für seine Allmacht.

3 Handle nach dem, was Gott in dir tut.

Vergiss nicht, dass du »verwandelt« werden kannst (Römer 12,2). Fang an, dich von Jesus verändern zu lassen.

Wenn du zum Beispiel Gewicht verlieren willst, erstelle dir dafür einen konkreten Plan. Dann vertraue auf Gott, dass er dir die dazu nötige Kraft und Stärke gibt.

4 Danke Gott täglich dafür, dass er dich, so wie du bist, geschaffen hat.

Jemand hat mal gesagt: »Gott schafft keinen Schrott.« Hey, das ist wahr! Du bist in Gottes Augen absolut wertvoll! Du wirst mehr und mehr in der Lage sein, andere auf Gottes Art und Weise zu lieben, wenn du begreifst, wie sehr Gott dich selber liebt, und wenn du dich selbst auf der Grundlage der von Jesus bewirkten Veränderungen akzeptierst.

ANDERE LIEBEN

Lies 1. Johannes 4,1-19. Was lehrt uns Gottes Wort über die Nächstenliebe?

____

____

____

____

____

____

Weil Gott uns liebt, sollen auch wir einander lieben (1. Johannes 4,11). Blättere noch mal zurück und denke an die Person, deren Namen du auf Seite 43 aufgeschrieben hast. Willst du dir von Gott helfen lassen, diese Person zu lieben? Wenn ja, dann solltest du folgende Maßnahmen ergreifen:

1 Gib zu, dass du Gottes Liebe für diese Person brauchst und bitte Gott um seine Hilfe.

Glaub's oder auch nicht: Nöte und Charakterschwächen sind gut für dich. Warum? Weil sie dich näher zu Gott bringen. Genauso wie der Hunger dich zum Essen treibt, sollten Schwächen dich zu dem treiben, der sie meistern kann - Jesus Christus. Die Tatsache, dass seine »Kraft in (deinen) Schwachheiten zur Vollendung« kommt (2. Korinther 12,9), ist etwas, worauf du zählen kannst.

2 Glaube, dass Gott deine Gebete erhört hat und dir seine bedingungslose Liebe schenkt.

Schau dir 1. Johannes 5,14-15 an und fasse den Kerngedanken zusammen.

____

____

____

____

Ist es Gottes Wille, dass du die Person, mit der du Probleme hast, liebst? Auf jeden Fall! Genau genommen befiehlt er dir das sogar! Auf Grund seines Versprechens in der Bibel darfst du glauben, dass deine Bitte um Liebe für diese »schwierige« Person erhört wurde.

Lies nun Markus 11,24
und fasse den Vers zusammen.

Glaube, bevor du es siehst oder fühlst. Glaube, weil Gott es gesagt hat.

3 Ein weiterer Schritt im Glauben: Tue Gutes an denen, die du durch Gottes Hilfe nun selber lieben kannst.

Wenn andere sehen, wie du mit deinen christlichen Geschwistern in Liebe umgehst, ist das ein guter Beweis dafür, dass du ein Christ bist (Johannes 13,34-35). Wenn du Gottes Liebe in dir und durch dich wirken lässt, dann wirst du beginnen, andere mit seiner Art von Liebe zu lieben.

PERSÖNLICH ANWENDEN!

Nenne fünf Eigenschaften der Liebe Gottes. (Wenn du dich nicht mehr genau erinnern kannst, sieh noch mal auf den Seiten 36-39 in *Lektion 3* nach.)

Gottes Liebe ist:

1. ______________________________

2. ______________________________

3. ______________________________

4. ______________________________

5. ______________________________

Denke nochmals an die Person, die du auf Seite 43 genannt hattest. Was wären drei gute Möglichkeiten, dieser Person in dieser Woche die Liebe Gottes zu erweisen?

1. ____

____

____

2. ____

____

____

3. ____

____

____

Lerne 1. Johannes 3,23 auswendig.

5

Lebendig in dir!

Erfahren, dass Christus in dir lebt

Welche Frustrationen erlebst du ...

➜ ... mit deinen Eltern? ______________________

____

➜ ... mit deinen Freunden? ____________________

____

➜ ... in der Schule? __________________________

____

➜ ... mit dir selbst? _________________________

____

➜ ... dem anderen Geschlecht gegenüber? _________

____

Überfliege noch mal das gerade Aufgeschriebene. Sind vielleicht einige der Konflikte durch dich entstanden oder vielleicht auch durch deine schlechte Einstellung oder dein falsches Verhalten verschlimmert worden?

Weil du eben ein Mensch bist, entsteht so mancher Frust durch Situationen außerhalb deiner Kontrolle - Umstände, die jeden nerven würden. Aber ich gehe jede Wette ein, dass die Ursache mancher Konflikte bei dir selbst zu finden ist; Gesagtes und Getanes, von dem du wusstest, dass es falsch war. Sogar der Apostel Paulus kämpfte mit diesem Problem. Er sagte einmal: *»Denn nicht, was ich will, das tue ich, sondern was ich hasse, das übe ich aus«* (Römer 7,15).

Paulus, der das Problem selber sehr gut kannte, hatte aber auch die Lösung.

Schlage Kolosser 1,27 auf, um die Lösung zu diesem Rätsel zu finden. Schreibe sie hier auf:

Zur Vertiefung ...

LEBEN WIE CHRISTUS

Der Schlüssel zu einem Leben wie Christus ist, dass Jesus in dir lebt.

Vergiss nicht: Christsein heißt nicht, sein Bestes für Gott zu geben. Christsein heißt, sich Gott zur Verfügung zu stellen.
Dann kann er das Beste aus dir machen!

STOPP! Blättere nun zur Seite 118 und lies »Der Gast, der das Kommando übernahm«. Fasse aus jedem Abschnitt zusammen, was du über das Leben mit Christus gelernt hast. Schreibe deine Zusammenfassung jeweils hinter dem betreffenden Raum/Zimmer auf.

Dein Zimmer ________________________________

____

____

Das Esszimmer ______________________________

____

____

Das Wohnzimmer _____________________________

____

____

Die Werkstatt ______________________________

____

____

Der Hobbyraum ______________________________

____

____

Die Garderobe ______________________________

____

____

CHRISTUS DIE FÜHRUNG ÜBERGEBEN

Christus jeden Tag in dir wohnen zu lassen ist möglich, geschieht aber nicht automatisch.

Bevor du Jesus in dein Leben eingeladen hast, lebte er außerhalb von dir. Dein Leben wurde durch dein »Ich« beherrscht, und war dadurch aus dem Gleichgewicht. Die Folge: FRUST.

Dann hast du Jesus gebeten, in dein Leben zu kommen.

Dein »Ich« trat zur Seite, Christus übernahm die Führung und brachte dein Leben ins Gleichgewicht. Die Folge: ERFÜLLUNG.

Dann hast du gesündigt, indem du selbst wieder die Führung über dein Leben übernahmst. Obwohl Jesus immer noch da ist, ist er in die Ecke gedrängt und hat nicht das Sagen. Also ist dein Leben wieder nicht im Gleichgewicht. Die Folge: FRUST.

Das Geheimnis, wie Christus leben zu können, ist, dass Christus in dir lebt.

Jetzt willst du Christus die Leitung wieder übergeben. Ist das denn überhaupt möglich? Kann er auch auf Dauer die Führung übernehmen? - JAWOHL!
Wann immer du feststellst, dass du die Kontrolle deines Lebens Jesus aus den Händen nimmst, unternimm folgende Schritte:

1 Bekenne Gott deine Sünde.
»Wenn wir unsere Sünden bekennen, so ist er treu und gerecht, dass er uns die Sünden vergibt und uns reinigt von jeder Ungerechtigkeit« (1. Johannes 1,9)

2 Nimm für dich in Anspruch:
Christus hat die Kontrolle über dein Leben.
»Und berauscht euch nicht mit Wein, worin Ausschweifung ist, sondern werdet voll Geist« (Epheser 5,18).

Dadurch darfst du jeden Tag neu das von Christus im Überfluss gebotene Leben annehmen (Johannes 10,10).

Hast du über manche Bereiche deines Lebens die Kontrolle übernommen? Wenn ja, dann schreibe das hier auf und überlasse Jesus wieder die Führung, indem du die obigen Schritte unternimmst.

____

Wie denkst du, wird die Tatsache, dass Christus in dir wohnt, dein Leben beeinflussen und verändern? Nenne die Dinge beim Namen!

____

____

____

Das Ergebnis unter die Lupe nehmen

Lies Johannes 15,1-11.

Was ist der Schlüssel zu einem Leben mit Christus? (15,4)

____

____

____

Was heißt: »Bleibt in ...«? (Eine andere Übersetzung schreibt »Bleibt ... fest verbunden.«)

Nach welcher Methodik verfährt Gott, damit Jesus sich in deinem Leben entfalten kann? (15,2-3)

Was für Ergebnisse bringt es, wenn Christus in dir wohnt? (15,5-11)

PERSÖNLICH ANWENDEN!

Paulus hat bestimmte Eigenschaften des Fleisches oder »der sündigen Natur« beim Namen genannt, die Gott aus deinem Leben ausbügeln will. Welche sind es? (Siehe Galater 5,19-21.) (Achtung: Benutze verschiedene Bibelübersetzungen oder ein Bibellexikon zur Klärung unbekannter Begriffe.)

Welche dieser negativen Eigenschaften treten in deinem Leben zum Vorschein? Sei ehrlich. Unterstreiche sie. Dann bitte Gott, dass er sie aus deinem Leben entfernt.

Aus Galater 5,22-24 finde heraus, welches die neun positiven Eigenschaften (Früchte) sind, die Gott aus deinem Leben hervorbringen will.

1. ______________________________

2. ______________________________

3. ______________________________

4. ______________________________

5. ____

6. ____

7. ____

8. ____

9. ____

Welche dieser Eigenschaften musst du noch am meisten entwickeln? Nummeriere sie von 1-9, entsprechend deiner größten Schwächen. (Beginne mit der 1 bei deiner größten Schwäche usw.)

Inwiefern würde die Verstärkung dieser Eigenschaften dir bei den Konflikten mit deinen Eltern, Freunden, in der Schule usw. helfen? Sei konkret!

Wie kannst du jetzt zusammen mit Gott diese neun positiven Eigenschaften in dir entwickeln, auch im Hinblick auf diese Lektion?

Lerne Johannes 15,5 auswendig.

DIE BIBEL

6

Gott sagt ...

Auf Gottes Wort hören

Es ist Freitagabend, du bist mit ein paar Schulfreunden in der Stadt unterwegs. Sie kaufen sich einige Dosen Bier. Du möchtest gerne von ihnen akzeptiert werden, willst aber auch nicht trinken. Wie würdest du dich jetzt verhalten, und warum?

DAS IST VERSUCHUNG!

Auch Jesus wurde versucht. Wie hat er sich verhalten? Lies Matthäus 4,1-10.

Lies 1. Korinther 10,13. Was kannst du machen, wenn du versucht wirst? Und wieso?

____

____

____

Die Bibel kann dir zeigen, wie du in Versuchungen standhältst, und dir außerdem noch viele praktische Tipps geben.

ZÄHLE AUF GOTTES WORT!

Gottes Wort kann dir helfen, weil es ...

1 ... von Gott inspiriert ist.
INSPIRIERT heißt wörtlich:
»von Gott eingehaucht.«

Die Bibel entstand, weil Gott die verschiedenen Schreiber inspirierte. Und weil sie eben von Gott eingegeben wurde, kann sie dir auch helfen, aus deinem Leben das Beste herauszuholen.

Wie kann dir nach 2. Timotheus 3,16-17 Gottes Wort helfen?

____

____

____

____

2 ... lebendig ist.

Weil Gottes Wort lebendig und wirksam ist, kann es dein Leben in mindestens vier Bereichen verändern. Welche sind das?
Siehe Hebräer 4,12.

3 ... Autorität hat.

Die Bibel hat Autorität, weil sie von Gott ist (Johannes 7,16-17). Wie kann dir das laut diesen Versen helfen?

4 ... wahr ist.

Gottes Wort ist wahr (Johannes 8,31-32). Es offenbart Wahrheiten, die dir auf keine andere Art und Weise sonst gezeigt werden. Was kann dir ein Leben nach Gottes Wort geben (8,32)?

Nicht die verstaubte Bibel auf dem Regal, sondern Gottes Wort in deinem Herzen wird dir helfen, Gott besser kennen zu lernen und nach seinem perfekten Plan zu leben.

ENTDECKE DEN NUTZEN VON GOTTES WORT!

Wie im Beispiel vorgegeben, schlage jede Bibelstelle nach, die in der Tabelle auf Seite 69 angeführt ist, und schreibe heraus, warum es ein Vorrecht ist, wenn man Gottes Wort kennt und auf sein Leben anwendet.

ERLEBE DEN NUTZEN VON GOTTES WORT!

Du kannst den Nutzen von Gottes Wort erleben, indem du

➜ es kennen lernst.
➜ es auf dein Leben anwendest.

Gottes Wort kennen lernen

Du kannst fünf Dinge tun, um Gottes Wort kennen zu lernen:

1 *Höre.* Du solltest zuverlässigen Predigern und Bibellehrern genau zuhören (Römer 10,17).

2 *Lies.* Schaffe dir einen Gesamtüberblick über die Bibel, indem du die einzelnen Bücher liest und ihre Schlüsselpassagen unterstreichst (Apostelgeschichte 17,11).

DER NUTZEN DES WORTES

Bibelstelle	Vorrecht
Josua 1,8	Ich werde in geistlichen Dingen zum Ziel gelangen und Erfolg haben
Psalm 1,1-3	
Psalm 119,1-2	
Psalm 119,63	
Psalm 119,97-105	
Johannes 14,21	
Johannes 15,3	
Johannes 15,14	
Römer 10,17	
1. Petrus 2,2	

3 *Studiere.* Grab dich rein. Stelle die folgenden Fragen:

- ✘ Wer?
- ✘ Was?
- ✘ Wann?
- ✘ Wo?
- ✘ Warum?
- ✘ Was steht da?
- ✘ Was bedeutet das?
- ✘ Inwiefern betrifft mich das?
- ✘ Wie werde ich demzufolge handeln?

4 *Lerne auswendig.* Fang an, indem du die Verse nach jeder Lektion meisterst. Beherrsche jedes Wort und wiederhole sie zwei Monate lang jeden Tag. Schneide der Einfachheit halber die dafür vorgesehenen Lernverskarten im hinteren Teil dieses Buches aus.

5 *Denke nach.* Wenn du in der Stille über Gottes Wort nachdenkst, wird er dir zeigen, was auf dich persönlich zutrifft. Gott verspricht all denen geistlichen Erfolg und Wachstum, die über sein Wort nachsinnen (Josua 1,8; Psalm 1,1-3). So funktioniert das Nachsinnen über die Schrift:

➜ *Lerne den Vers auswendig.*

➜ *Beziehe den Vers auf dich.* Tausche die Personalpronomen »du«, »sie«, und »wir« gegen die Pronomen »ich«, »mich« oder deinen eigenen Namen aus.

Ein Beispiel:

»Wodurch hält ein Jüngling seinen Pfad rein? Indem er sich bewahrt nach deinem Wort« (Psalm 119,9) wird zu »Wodurch halte *ich* meinen Pfad rein? Indem *ich mich* bewahre nach deinem Wort.«

Schau dir nun Josua 1,8 an und tausche auch hier die Personalpronomen aus.

____

____

- ➜ *Verbildliche dir den Vers.* Male ein Bild, das diesen Vers verdeutlicht, oder stell dir vor, wie du einen darin enthaltenen Befehl selber ausführst oder bekommst, was darin versprochen wurde. Male dir die Situation in Gedanken aus.
- ➜ *Verwirkliche den Vers.* Bitte Gott, dass er ihn in deinem Leben wahr werden lässt. Rufe ihn dir oft in Erinnerung. Nachsinnen stammt von einem Wort, das ursprünglich so viel wie »eine wiederkäuende Kuh« bedeutet. Also wird dir durch Nachdenken und »drauf rumkauen« der Vers zu eigen gemacht.

Wende Gottes Wort an.
Lies Lukas 6,46-49 und Jakobus 1,22-25. Unterscheide die zwei genannten Arten von Personen.

____________ im Gegensatz zu ____________

Was für eine Art von Person würdest du lieber sein?

____

Was könntest du tun, um dieser Person mehr zu gleichen?

____

____

____

PERSÖNLICH ANWENDEN!

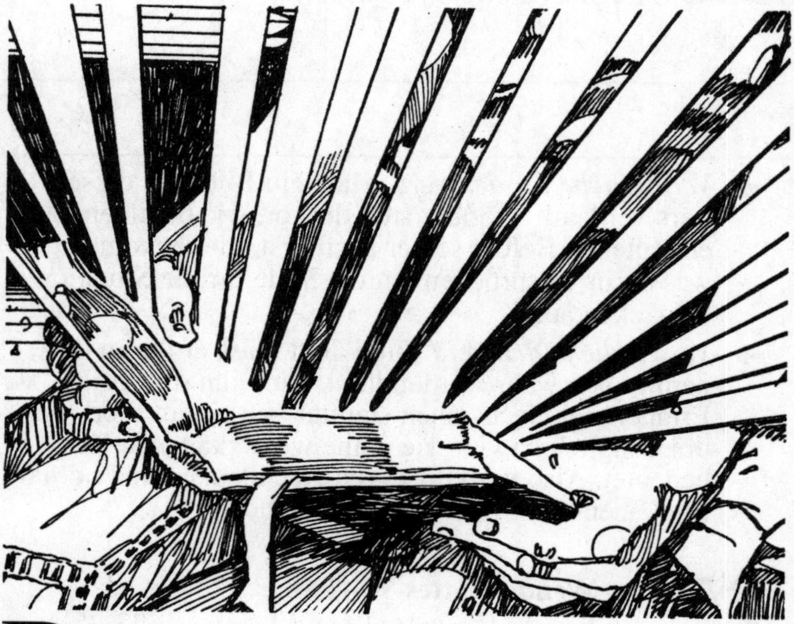

Bringe Gottes Wort in dein Leben, indem du anfängst, jeden Tag ein bisschen in deiner Bibel zu lesen und danach zu handeln. So kannst du voll einsteigen:

→ Nimm dir in den nächsten 28 Tagen täglich 10 Minuten Zeit, um im 1. Johannesbrief zu lesen und dich mit dem Gelesenen zu beschäftigen.
(Siehe Seite 123, Aufgaben zur täglichen Bibellese).
Setze einen bestimmten Ort und eine bestimmte Zeit fest und lege sie hier schriftlich nieder:

→ Zeit ________________ Ort __________________________

→ Kaufe ein preiswertes, liniertes Notizbuch. Fasse darin jeden Tag auf einer Seite deine Zeit mit der Bibel zusammen; benutze das Notizblatt auf Seite 124.

→ Setze dir selber das Ziel, mindestens 10 Tage lang diese Verabredung mit Gott und seinem Wort nicht zu verpassen.

Lerne Psalm 119,9 auswendig.

Mit Gott reden

Durch Gebet mit Gott in Beziehung stehen

Wer ist dein bester Freund? Schreibe seinen oder ihren Namen auf.

___

Was hat euch geholfen, eine so enge Beziehung zueinander aufzubauen?

___

___

___

Auch der Aufbau einer engen Beziehung zu Gott läuft ähnlich ab - man verbringt Zeit zusammen und teilt miteinander:

Erfahrungen,
Gedanken,
Gefühle,
Ängste,
Freuden.

Darum ist Gebet auch so wichtig. Es ist eine Gelegenheit mit Gott zu reden, ihn besser kennen zu lernen und die Fähigkeit zu entwickeln, ihm alles mitzuteilen.
Beziehungen entwickeln sich nicht durch Schweigen. Im Klartext heißt das: Gott kennen zu lernen und sein Freund zu werden (und für Gott, deiner zu werden), geschieht nur durch gegenseitige Kommunikation.

WOFÜR BETEST DU?

Nenne einige Dinge, von denen Jesus gesagt hat, dass wir für sie beten sollen! Schaue in Matthäus 6,9-13 nach.

____

____

____

____

Denkst du, dass es möglich ist, dass Gott deine Gebete nicht beantwortet? Warum?

____

____

Vergleiche deine Antwort mit Johannes 15,7 und 1. Johannes 5,14-15.

____

____

WANN BETEST DU?

Wann will Gott wohl etwas von dir hören?

David war ein »Mann nach Gottes Herzen« (Apostelgeschichte 13,22). Sieh dir die folgenden Verse an und beobachte, zu welchen Zeitpunkten David betete: Psalm 4,9; 5,4; 61,1-3; 69,14.

Betete David nur, wenn in seinem Leben alles bestens lief?

Betrachte Psalm 6,3; 8,2; 13,2; 18,2-3. Was für Gefühlslagen erkennst du?

Es läuft darauf hinaus, dass Gott immer bereit ist, dir zuzuhören - wo immer du auch bist, wie immer du dich auch fühlst, wann immer du ihn auch anrufst.

EIN MÄCHTIGER FREUND

»Rufe mich an, dann will ich dir antworten und will dir Großes und Unfassbares mitteilen, das du nicht kennst«
(Jeremia 33,3).

Gott ist dein Freund; er will etwas von dir hören und hört dir auch zu. Trotzdem hat er Macht, Weisheit und Verstand, wie sonst kein menschlicher Freund sie haben könnte (Offenbarung 5,12-13).
Und weil er eben Gott ist, hat er dir einige tolle Verheißungen gegeben. Suche die folgenden Verse heraus und schreibe sie so um, dass sie dich persönlich betreffen.

Johannes 14,13 ______________________________

____

____

Johannes 15,7 ______________________________

____

____

Johannes 16,24 ______________________________

____

____

____

Wie kannst du Gottes Kraft für dein Leben erhalten?

SEINE KRAFT ANZAPFEN

Was bedeutet nach deiner Meinung »etwas nach seinem Willen bitten« (1. Johannes 5,14)?

»Nach« bedeutet »in Harmonie mit« oder »im Einklang mit«. »Wille« bedeutet »getroffene Wahl«, »Entscheidung« oder »Absicht«.

Wenn man das nun einsetzt, drückt »nach Gottes Willen« bitten aus, dass man im Einklang oder in Übereinstimmung mit Gottes Wahl, Entscheidung oder Absicht betet.

Wie erkennst du Gottes Wahl, Entscheidung oder Absicht? Eine gute Möglichkeit dazu ist, ihn durch Beten besser kennen zu lernen.

PERSÖNLICH ANWENDEN

Ist Gott dein »bester Freund« oder nur eine »flüchtige Bekanntschaft«? Warum?

Wie beeinflusst das dein Gebetsleben?

____

Was hast du in dieser Lektion gelernt, was dir helfen wird, in dieser Woche wirkungsvoller zu beten?

Obwohl du die Freiheit entwickeln solltest, ganz spontan zu beten - zu jeder Zeit, überall, in jeder Lage - ist es doch sehr wichtig, dass du dir jeden Tag eine bestimmte Zeit festlegst, die du mit Gott im Gebet verbringen willst. Nimm dir am Anfang dazu täglich fünf Minuten Zeit. Hänge diese fünf Minuten Gebetszeit hinter deine tägliche Bibellese, mit der du letzte Woche begonnen hast.

Lerne Johannes 16,24 auswendig.

Nach seinem Bild

Die Bedeutung von Jüngerschaft entdecken

Woran denkst du, wenn du dir einen Jünger vorstellst?

- ❑ Ein großer, haariger Fischer?
- ❑ Ein kleiner Schwächling im schwarzen Anzug, mit schwarzer Krawatte und einem Schild auf dem Rücken, auf dem »Gib mir einen Tritt« steht?
- ❑ Jemand, der aufhört sich mit 10 Dingen zu beschäftigen, die er gerne tut, und mit 10 Dingen anfängt, die er absolut nicht leiden kann?
- ❑ Jemand, der alles aufgibt, um als Missionar nach Afrika abzuziehen?
- ❑ Ein Fanatiker, der alle Leute in der Schule am Kragen packt und fragt, ob sie errettet sind?

WAS IST EIN JÜNGER?

Die Entscheidung, Jesus Christus in dein Leben aufzunehmen, ist ein sehr wichtiger Schritt. Aber das ist nur der Vorspann. Um eine tiefe Beziehung zu ihm zu entwickeln, musst du erst lernen, wie man ihn besser kennen lernen kann. Und genau darum geht's in einer Jüngerschaftsbeziehung.

Schlage den Begriff »Jünger« in einem Lexikon und einem Bibellexikon nach. Dann lies Matthäus 4,19. Definiere »Jünger« anhand dieser drei Quellen:

____

____

____

____

____

____

____

Deine Definition sollte diese zwei Aspekte enthalten:

- ➜ Ein Jünger ist ein Schüler und ein Nachfolger. Also verbringt ein Jünger von Jesus Zeit damit, über ihn und von ihm zu lernen, und als Resultat folgt er ihm gerne nach.
- ➜ Ein Jünger lehrt andere. Er gibt an andere weiter, was er von und über Jesus lernt, damit auch sie selber es erfahren und an andere weitergeben können.

Jüngerschaft findet statt, wenn ein reifer Christ einem anderen im Wachstum hilft, damit auch dieser anderen helfen kann zu reifen.

Die Bibel zeigt uns einige eindeutige Merkmale eines Jüngers. Schlage die folgenden Bibelstellen nach, notiere die Merkmale und schreibe dann in einem Satz, warum du diese Eigenschaft auch besitzen möchtest.

Bibelstelle	**Merkmal**	**Warum ich das möchte**
Johannes 2,11		
6,65-69		
8,31-32		
13,34-35		
14,15.21		
15,1-8		
17,20-21		
20,19-22		
21,15-19		

MERKE DIR: Gott ist es nicht so wichtig, wie weit du schon gekommen bist, sondern ob du dich auf dem richtigen Weg vorwärts bewegst. Wenn du bereit bist, ihm auf dem Weg der Jüngerschaft nachzufolgen, wird er dich zu einem Jünger machen.

WIE MAN EIN JÜNGER WIRD

Lies Kolosser 2,6-10. Nimm zur Kenntnis, dass du mit der gleichen Einstellung und Überzeugung weitermachen sollst, mit der du auch einmal Christus angenommen hast (2,6).

Betrachte Hebräer 11,6. Wie sah denn deine geistliche Einstellung aus, als du Christus gebeten hast, in dein Leben zu kommen?

____

____

Dein Leben sollte weiterhin EINFACHEN GLAUBEN und ABSOLUTES VERTRAUEN in Christus demonstrieren.

Wie sollst du denn als Jünger »in ihm wandeln«? Suche in Kolosser 2,7 nach den vier wichtigen Elementen dafür. Zähle sie auf.

1. ____

2. ____

3. ____

4. ____

Wenn du dich in deinem Leben auf diese vier wichtigen Elemente konzentrierst, wirst du nicht *»durch die Philosophie und leeren Betrug nach der Überlieferung der Menschen«* (Kolosser 2,8) in die Falle gelockt.

Welchen dieser Philosophien, Betrügereien und menschlichen Traditionen, die dich als Jünger von Jesus behindern, begegnest du in der Schule und in deiner Clique?

Lies Kolosser 2,9-10. Welche Hoffnung darfst du bei der Überwindung dieser Hindernisse haben?

VERGISS NICHT: Wenn du Jesus ermöglichst, dass er sein Wesen in deinem Leben zum Ausdruck bringen kann, dann bist du ein echter Jünger.

Wovor hast du Angst, wenn du überlegst, ob du ein 100%iger Jünger Jesu werden willst?

Bist du trotz all deiner Ängste und Befürchtungen dazu bereit, ein 100%iger Jünger zu werden, den Christus völlig für sich beanspruchen darf? (Kreuze deine Antwort an.)

❑ JA ❑ NEIN ❑ ICH BIN MIR NICHT SICHER

Falls du nicht mit JA antworten konntest, solltest du mit einem erfahrenen Christen deines Vertrauens über deine Befürchtungen reden. Es ist enorm wichtig, dass du diesen Punkt klärst, bevor du mit dieser Lektion weitermachst.

Wenn du mit JA geantwortet hast, fahre mit dem nächsten Abschnitt dieser Lektion fort.

DIE KOSTEN DER JÜNGERSCHAFT

Untersuche Lukas 9,23-26, um die Kosten einer 100%igen Jüngerschaft zu ermitteln. Schreibe dein Ergebnis auf.

____

____

____

____

Hier sind einige Gedanken zu Lukas 9,23-26, die deine eigenen Ergebnisse vielleicht noch ergänzen:

Jesus erklärt, dass wenn jemand ihm nachfolgen will, es demjenigen folgendes kosten wird:

- seine selbstsüchtigen Vergnügungen (»verleugne er sich selbst«)
- die Herrschaft über sein Leben (»nehme sein Kreuz auf«)
- seine Pläne und Ziele (»folge mir nach«)
- sein Ansehen und seine gesellschaftliche Stellung (»wer aber sein Leben verliert um meinetwillen«)
- seine Zeit, Talent, Energie, Geld - alles, was er hat (»Was wird es einem Menschen nützen, wenn er die ganze Welt gewinnt, sich selbst aber verliert und einbüßt?«)

Welchen Bereich musst du ihm noch übergeben, damit du ihm uneingeschränkt nachfolgen kannst?

DAS ERGEBNIS DER JÜNGERSCHAFT

Die Kosten einer Jüngerschaft sind nicht zu hoch, wenn du dir mal überlegst, dass du mit der Aufgabe deines Lebens es genau genommen rettest. Wie du in den vergangenen Wochen schon herausgearbeitet hast, tauscht Jesus Christus dein altes Leben gegen ein brandneues ein, das mit Freude und Vorrechten gefüllt ist, die es nirgendwo sonst gibt. Im Austausch gegen dein altes Leben erhältst du das neue Leben in Jesus Christus.

Kolosser 3,1-7 zeigt ein wunderschönes Bild von dem, was mit dir passiert, wenn du auf dem Weg bist, ein Jünger zu werden.

➜ Dir wird klar, dass dein altes Leben tot ist, aber dass Gott dir bereits mit Christus ewiges Leben geschenkt hat, auch wenn das jetzt noch verborgen ist (Kolosser 3,1-3).

MERKE DIR: Dein Leben in Jesus Christus macht dich zu einem Jünger.

➜ Du wirst mehr und mehr wie Christus, wenn du weiterhin alles dransetzt, ihm nachzufolgen.

Christus säubert dein Leben von vielen schlechten Eigenschaften. Von welchen? (Kolosser 3,5-11)

____

____

____

____

____

____

Christus gibt dir als seinem Jünger viele neue Qualitäten (3,12-16). Zähle sie auf.

____

Wie werden diese neuen Qualitäten zu einem festen Bestandteil deines Leben? (3,17)

MERKE DIR: Wenn Christus in dir lebt und er dein Leben ihm ähnlicher macht, dann wirst du etwas haben, was kostbar genug ist, um es auch an andere weiterzugeben.

PERSÖNLICH ANWENDEN!

Bitte Gott, dass er in dir den Wunsch aufrecht erhält, ein 100%iger Nachfolger zu sein. Bete für ein noch größeres Verlangen.

Mach dir klar, dass nur das Leben Jesu in dir dich zu einem Jünger macht.

Gehe noch einmal diese Lektion durch und bitte Gott, dass er dir zwei positive Qualitäten zeigt, die er in deinem Leben herausbilden will, um dich zu einem besseren Jünger zu machen. Schreibe sie hier auf.

____

____

Bitte Gott, dass er dir zwei Gelegenheiten zeigt, in denen er dich als Jünger gebrauchen will, um anderen von seinem Leben weiterzuerzählen. Fallen dir jetzt schon mögliche Gelegenheiten ein? Dann schreibe sie auf.

Lerne Matthäus 4,19 auswendig.

9

Der Plan für einen Jünger

Gottes Willen für dein Leben erkennen

Beschreibe eine schwierige Entscheidung, die du treffen musstest.

Wie hast du sie getroffen?

Was kam dabei als Ergebnis heraus?

Wenn du könntest, würdest du aus heutiger Sicht eine andere Entscheidung treffen? Wenn ja, welche und warum?

GOTT GEFALLEN

Als entschiedener Christ möchtest du tun, was Gott Freude bereitet. Und weil er dein Vater ist, liegt ihm auch etwas an deinen Entscheidungen und an deinem Lebenswandel.

Gott ist auch dein Schöpfer. Er kennt genau den Grund deiner Erschaffung. Also ist es doch eigentlich nur logisch, dass du echtes Glück und Erfüllung bei der Ausübung seines Willens findest.

Was jetzt folgt, gründet sich auf **Römer 12,1-2** und kann dir helfen zu erkennen, ob du Gottes Willen erfüllst. Lies diesen Bibeltext und erarbeite den folgenden Abschnitt.

DU ERFÜLLST GOTTES WILLEN, WENN DU ...

1 ... errettet bist.

»Gottes Erbarmungen« (Römer 12,1). Dazu gehört, dass Jesus für dich am Kreuz gestorben ist.

Wie kannst du laut **Johannes 6,40** Gottes Willen tun?

2 ... geheiligt bist.

Gott möchte, dass du dich als »lebendig und heilig darstellst» (Römer 12,1).

Definiere *geheiligt*. Schlage diesen Begriff in einem Bibellexikon nach.

Was bedeutet laut **1. Thessalonicher 4,3-8** »heilig« in Bezug auf Gottes Willen für dein Leben?

3 **... vom Heiligen Geist erfüllt bist.**
Du sollst »verwandelt« werden (Römer 12,2). Das heißt, dass du nach außen hin verändert wirst, weil der Heilige Geist in deinem Innern wirkt.

Sieh dir **Epheser 5,17-18** an. Wie sieht Gottes Wille für dich aus?

4 **... zu leiden bereit bist.**
Du sollst »ein lebendiges Opfer sein« (Römer 12,1). Das beinhaltet Leid - d. h. im Leben unter Druck zu stehen.

Sieh dir **1. Petrus 2,20-21** an. Was sagen diese Verse über den Willen Gottes für dein Leben aus?

5 **... dich Gott unterordnest.**
Durch Unterordnung wirst du das tun, »was der Wille Gottes ist: das Gute und Wohlgefällige und Vollkommene« (Römer 12,2).

Sieh dir **Matthäus 26,39-42** an.
Welche Charaktereigenschaft siehst du in Jesus, die ihn veranlasst hat, Gottes Willen auszuführen, obwohl das für ihn den sicheren Tod bedeutete?

Sieh dir **Jakobus 4,7-8** an. Wie kannst du dich Gott unterordnen?

Jetzt, wo du Gottes Absicht für jeden Christen kennengelernt hast, wie kannst du Gottes genauen Plan für dein Leben erkennen?

GOTT WOHLGEFÄLLIGE ENTSCHEIDUNGEN TREFFEN

Du musst für deine Wochenenden, Schullaufbahn, Berufswahl, Rendezvous, Heirat und Zukunft Entscheidungen treffen. Manche Entscheidungen sind weitreichend, manche nicht. Aber irgendwie sind sie alle wichtig. Sprüche 3,5-9 gibt Hinweise darauf, wie du erkennen kannst, welche Entscheidung vor Gott die richtige ist.

1 Vertraue Gott!

»Vertraue auf den Herrn mit deinem ganzem Herzen« (Sprüche 3,5a).

Schau mal in **Psalm 86,15; 145,3 und Jeremia 32,17** nach. Warum kannst du Gott vertrauen?

2 Erstelle eine Liste mit allen möglichen Alternativen, die dir bei deiner Entscheidung zur Verfügung stehen und übergebe sie dem Herrn!
»Stütze dich nicht auf deinen Verstand!« (Sprüche 3,5b).

Lies Sprüche 3,7. Welche drei Schritte musst du unternehmen, um dich nicht auf deinen eigenen Verstand zu stützen?

3 Vergiss das Ganze!
»Auf all deinen Wegen erkenne nur ihn« (Sprüche 3,6a).

Schau dir **Psalm 46,11** an. Wie kannst du das machen?

4 Lass in aller Stille die Lösung aus Gottes Wort selbst kommen!
»Dann ebnet er selbst deine Pfade« (Sprüche 3,6b).

Was bedeuten die Versprechen aus der Tabelle auf Seite 101 für dich?

Versprechen	Bedeutung für mich
Psalm 32,8	
Sprüche 5,21	
Jesaja 30,21	
Jeremia 29,11	

5 Wenn du inneren Frieden gefunden hast, dann steh zu deiner Entscheidung!

»Das ist Heilung für deinen Leib, Labsal für deine Gebeine« (Sprüche 3,8).

Sieh dir **1. Korinther 14,33** an. Was bedeutet es für deine Entscheidung, wenn alles »aus dem Ruder läuft«?

Schau dir **Kolosser 3,15** an. Was ist das Ergebnis einer richtigen Entscheidung?

Schau dir **Jakobus 1,5-8** an. Du hast eine Entscheidung auf der Grundlage des Wortes Gottes getroffen. Nun kannst du den Ausgang der Sache beim besten Willen nicht verstehen. Wovon kannst du aber sicher ausgehen?

PERSÖNLICH ANWENDEN!

Welche schwierige Entscheidung musst du momentan treffen? Erläutere sie hier:

Fälle deine Entscheidung mit den Hinweisen aus Sprüche 3,5-8. Formuliere keine vagen Andeutungen.

1 *Vertraue auf Gott.* Wie wirst du Gott bei dieser Entscheidung vertrauen?

2 *Schreibe eine Liste mit deinen alternativen Möglichkeiten und übergebe sie Gott.* Schreibe die Alternativen auf.

3 *Vergiss das Ganze.* Lass Gott machen. Lies nochmals Psalm 46,11 und beschreibe, wie du dies bei dir umsetzen willst.

4 *Warte auf Gottes Antwort.* Welches biblische Versprechen hat Gott dir bezüglich dieser Situation gegeben?

5 *Habe Zuversicht durch inneren Frieden.* Beschreibe den Frieden, den du jetzt über deine Entscheidung hast, nachdem du Gottes Willen gefolgt bist.

Vielleicht antwortet Gott dir nicht sofort. Er möchte vermutlich, dass du sein Timing abwartest. Schreibe seine Antwort hier auf, wenn er sie dir zeigt.

____

____

____

Zu Deiner Erinnerung

1. Gebet, die Bibel, der Ratschlag anderer und die jeweiligen Umstände werden dir helfen, eine Entscheidung zu treffen.
2. Gott versteckt seinen Willen nicht vor dir.
3. Du brauchst keine Angst vor seinen Plänen zu haben, weil sie dir Freude bereiten werden.
4. Gottes Wille ist nicht auf einer Landkarte aufgezeichnet, die du eines Tages unverhofft finden wirst. Dieser Vorgang erfolgt Schritt für Schritt.
5. Du musst nicht deinen Verstand an der Garderobe abgeben, um Gottes Willen zu erkennen, lass aber deinen Verstand vom Heiligen Geist geleitet sein.
6. Selbst wenn du Gottes Willen tust, kannst du nicht erwarten, dass alle deine Probleme wie von Zauberhand verschwinden.
7. Wenn keine deiner Möglichkeiten sich als Gottes Willen herausstellt, gerate nicht in Panik, sondern vertraue auf den Herrn.

Erlaube Gott, dich in seinem Tempo als Christ wachsen zu lassen. Lass dich nicht entmutigen, wenn du den Eindruck hast, dass du überhaupt nicht wächst.

**»Ein Kürbis braucht sechs Monate,
um auszuwachsen.
Eine Eiche ein ganzes Leben.«
(Miles Stanford)**

Lerne Sprüche 3,5-6 auswendig.

10

Gut, besser, am besten

Prioritäten setzen

Wie denkst du, würden die meisten deiner Mitschüler »Erfolg« definieren?

____

____

____

Bist du mit dieser Definition einverstanden? ☐ Ja ☐ Nein

Wenn nicht, wie unterscheidet sich deine Definition? Schreibe deine Beobachtungen hier auf:

____

____

____

____

Wenn du erfolgreich warst, woher weißt du das?

Denkst du, dass deine Definition von Erfolg die richtige ist? Warum?

Gott sieht dich als sehr wichtig an. Er hat am Kreuz ein großes Opfer gebracht, um mit dir eine Beziehung anfangen zu können. Und eben wegen diesem Opfer sind nur seine Vorstellungen über deinen Erfolg von Bedeutung.

DIE ENTWICKLUNG DEINES LEBENSZIELES

Erfolgreich sein heißt, ein Ziel zu verfolgen.

Was sind einige deiner Ziele?

Gott hat für dich als eins seiner Kinder auch einige Ziele. Lass uns einmal diese Ziele aus seiner Sichtweise ansehen. Sieh dir diese Verse an und finde ein Ziel in jedem Vers. Fasse es in ein paar Worten zusammen.

Matthäus 6,33

Römer 8,29

1. Korinther 10,31

Philipper 3,10

Welches Ziel haben alle diese Verse gemeinsam?

Indem du die gerade aufgeschriebenen Verse und deren Ziele bedenkst, schreibe ein Lebensziel für dich selbst auf:

LEBENSZIEL

Denk mal eine Minute über dieses Ziel nach. Welches wären die drei ersten Schritte, die du zur Erreichung dieses Zieles unternehmen würdest?

1

2

3 ______________________________________

____

____

____

Wie würde sich dein Leben verändern, wenn du diese Schritte in die Tat umsetzen würdest?

____

____

____

____

EINE STRATEGIE FÜR'S LEBEN

»Und Jesus nahm zu an Weisheit und Alter und Gunst bei Gott und Menschen« (Lukas 2,52). Das bedeutet, dass Jesus intellektuell (verstandesmäßig), körperlich, geistlich und gesellschaftlich wuchs. Schreibe in der folgenden *Liste aller Aktivitäten* alles auf, was dich in diesen vier Bereichen (negativ und positiv) beeinflusst.

(Unter »Intellektuell« kannst du zum Beispiel schreiben: »Ich habe gute Schulnoten; ich sehe 20 Stunden in der Woche fern; ich lese in der Zeitung immer nur den Sportteil und die Comics.«)

Liste aller Aktivitäten

Intellektuell ______________________________

____

____

Körperlich __________________________________

____

____

Geistig ____________________________________

____

____

Gesellschaftlich ____________________________

____

____

Was tust du noch, was aber nicht zu den vier Kategorien der Liste passt?

____

____

____

Prioritäten-Liste

Geh noch mal zurück und schau dir deine Liste aller Aktivitäten an. Schreibe sie um, und gliedere deine Beschäftigungen nun nach ihrem Stellenwert in deinem Leben.

1. ______________________________

2. ______________________________

3. ______________________________

4. ______________________________

5. ______________________________

6. ______________________________

7. ______________________________

8. ______________________________

9. ______________________________

10. ______________________________

11. ______________________________

12. ______________________________

Vergleiche nun deine Prioritäten-Liste mit deinem Lebensziel (s. Seite 112). Unterstreiche nun jede Beschäftigung, die deinem Ziel entgegensteht.

PERSÖNLICH ANWENDEN!

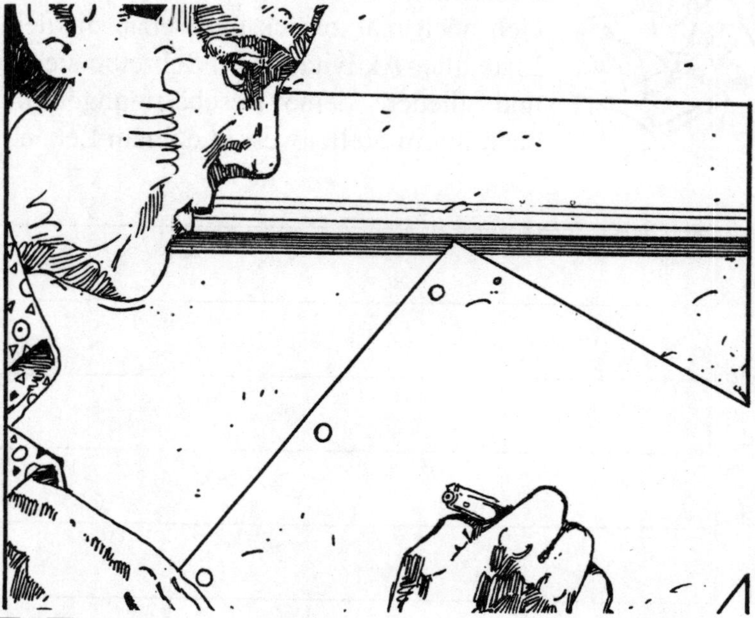

Verändere die Reihenfolge auf deiner Prioritäten-Liste, um Jesus zur Nummer Eins in deinem Leben zu machen und um dein Lebensziel zu erreichen. Schreibe die neue Liste auf Seite 117 auf. (ACHTUNG: Vielleicht musst du auch ein paar Dinge hinzufügen, mit denen du dich bisher noch nicht beschäftigst, die du jetzt aber für wichtig hältst. Die Aktivitäten, die nicht zur Erfüllung deines Lebenszieles beitragen, solltest du streichen.)

Nun gehe diese Liste im Gebet durch. Übergebe bewusst jede Einzelheit dem Herrn. Dann gib ihm auch noch die Freiheit, gegebenenfalls die Reihenfolge der Prioritäten nochmals zu ändern, während du als Christ wächst.

Lerne Matthäus 6,33 auswendig.

»CHRISTUS ZUERST« / Prioritätenliste

1. ____________________
2. ____________________
3. ____________________
4. ____________________
5. ____________________
6. ____________________
7. ____________________
8. ____________________
9. ____________________
10. ____________________
11. ____________________
12. ____________________

Falls du als eines deiner Ziele angegeben hast, dass du Gott besser kennenlernen möchtest, ist ein guter Weg, Zeit mit ihm zu verbringen.
Verpflichte dich, 15 Minuten am Tag mit dem Herrn zu verbringen. Wenn du dazu bereit bist, dann lege deinen Beschluss hier schriftlich nieder.

____

____

Das nächste Buch in dieser Reihe, *Zeit mit Gott verbringen*, wird dir deine Zeit mit Gott immer kostbarer werden lassen. Pack's an!

Der Gast, der die Kontrolle übernahm

Was geschah, als Jesus bei mir zu Hause einzog

von Steve Lawhead

Samstag, der 6. Dezember

Heute habe ich mich entschieden. Ich werde Jesus in mein Leben bitten. Ich wohne auf einer großen, weitläufigen Farm mit vielen Zimmern im Wohngebäude. Ich wette, er wird sich hier sofort zu Hause fühlen. Ich habe schon neue Vorhänge ins Gästezimmer gehängt; alles ist bereit. Ihm wird es gefallen, hier mit mir zu leben.

Sonntag, der 7. Dezember

Er ist genauso angekommen, wie er es angekündigt hatte; er kam einfach hinein - und hat mein Leben direkt auf ein anderes Niveau gebracht. Mann, bin ich froh, dass ich ihn gebeten habe. Vielleicht müssen zwar ein paar Kleinigkeiten hier und da umgeordnet werden, aber ich bin mir sicher, dass wir prima miteinander auskommen werden.

Mittwoch, der 10. Dezember

Heute ist mir bewusst geworden, dass er nicht die ganze Zeit in seinem Zimmer bleiben will. Ich weiß nicht, was ich tun soll. Er würde sich dort wohl fühlen, aber er erklärte: »Ich bin nicht hierher gekommen, um nur dein Gast zu sein. Wenn ich hier leben soll, würde ich auch gerne den Rest des Hauses kennenlernen.« Zuerst gefiel mir das gar nicht, aber wenn ich darüber nachdenke, würde auch ich nicht so gerne im Gästezimmer eingepfercht bleiben.

Donnerstag, der 11. Dezember

Gestern Abend habe ich ihn mit in die BIBLIOTHEK genommen. Es ist eines meiner Lieblingszimmer, also war ich mir echt sicher, dass er es auch mögen würde. Das ist ein echt uriger Raum, überhaupt nicht groß, mit tiefen Ledersesseln - prima zum Lesen und Nachdenken.

Er kam mit mir rein und fing an, sich umzuschauen. Er ging rüber zum Bücherregal und zog eine Playboy-Ausgabe heraus. Das hat mich schon ein bisschen ins Schwitzen gebracht, gelinde ausgedrückt. Dann ging er rüber und betrachtete die Bilder an der Wand. Er warf einen zweifelnden Blick auf meine Revolver- und Messerkollektion, tja, und das war's. Er hat keinen Ton gesagt, aber ich fühlte den Drang, einen solch bedeutenden Gast zufrieden zu stellen. Ich platzte heraus: »Weißt du, Jesus, ich habe schon mal über ein paar Änderungen hier drinnen nachgedacht. Vielleicht willst du dabei auch ein oder zwei Worte mitreden?« Er antwortete: »Ich würde dir mit Vergnügen behilflich sein. Aber ich befürchte, einige dieser Sachen werden wir doch ausrangieren müssen.«

»Sag's, und weg sind sie«, versprach ich ihm. Welch eine Erleichterung!

Dienstag, der 16. Dezember

Letze Nacht war es soweit. Es war fantastisch! Diesmal hatte ich mich wirklich selbst übertroffen - so dachte ich wenigstens. Der Herr schien es nicht ganz so zu genießen, wie ich es erhofft hatte. Jedenfalls nicht zu Beginn.

Vor dem Dinner hatten wir einige kleine Appetitanreger. Nichts großartiges, einfach ein paar Kartoffelchips und Chili Sauce, ein paar Käsekräcker, Salzstangen und Erdnussflipse. Wir knabberten drauflos, bis er mich fragte: »Und was gibt's zum Abendessen?«

Ich erklärte ihm: »Zuerst gibt's Pizza, Pommes und Currywurst; und zum Nachtisch gefüllte Krapfen, dazu Himbeereis mit Schokoladensauce. Später gibt es als Snack auch noch Popcorn und Gummibärchen.« Kaum hatte ich das Menü heruntergelesen, da bemerkte ich sein Stirnrunzeln. »Habe ich etwas vergessen, Jesus?« fragte ich ihn.

»Nein, überhaupt nichts.« Er lachte. »Irgendwie fällt mir auf, dass alles, was du heute auffahren willst, absolut ungesund ist. Wo ist das Gemüse? Das Fleisch? Brot? Das ist es, was du brauchst.«

»A-a-aber«, stotterte ich, »mir schmeckt mein Essen gut. Ich esse das jeden Tag.«

»In Ordnung«, sagte Jesus und stand auf, »zeig mir, wo die Küche ist, und ich werde dir etwas machen, was Fleisch auf deine Knochen bringt. Du hast deinem verflachten Appetit und deinen Gelüsten viel zu lange freien Lauf gelassen. Ich denke, du wirst die Abwechslung lohnend finden.«

Er ging hin und bereitete das köstlichste Mahl, indem er das Fleisch und Gemüse des Willens Gottes und das Brot des Wortes Gottes verwendete. Ich muss zugeben, es war höchst zufriedenstellend. Ich beabsichtige nun besser zu essen, jetzt, wo er da ist.

Mittwoch, der 17. Dezember

Heute habe ich den Herrn nach dem Abendessen in das WOHNZIMMER mitgenommen. Er hat es auf Anhieb gemocht - er nennt es das Gemeinschaftszimmer. Er sagte: »Wir werden zusammen reden und beten, und uns richtig gut kennen lernen.«

Zu diesem Zeitpunkt dachte ich, dass das eine Spitzenidee sei, und so antwortete ich ihm: »Das finde ich total klasse, Herr!« Wir setzten uns und hatten die beste Unterhaltung, an die ich mich jemals erinnern konnte.

Donnerstag, der 23. Dezember

Heute abend war ich auf dem Weg zu der ersten von zwei Parties. Als ich in die Halle herunterkam, glitt mein Blick durch die Tür in das Wohnzimmer und ich sah Jesus auf der Couch sitzen. Er war nicht am Lesen oder sonstwie beschäftigt, sondern er saß nur da und wartete.

Ich steckte meinen Kopf durch die Tür. »Wartest du auf jemanden?«

»Ja, genau genommen wartete ich auf dich«, sagte er.

»Auf mich?«, gab ich erstaunt zurück. Ich hatte nicht die geringste Ahnung, wovon er überhaupt sprach. »Ich gehe auf eine Party«, erklärte ich ihm. Dann traf es mich wie der Blitz. Seit unserer ersten Zusammenkunft hatte ich unsere Gemeinschaftszeit total versäumt. Jeden Abend hatte er auf mich gewartet, während ich fröhlich meinen eigenen Wegen nachging. Mein Gesicht wurde rot vor Scham.

»Es tut mir wirklich furchtbar Leid«, sagte ich. »Bitte vergib mir, dass ich dich so lange habe warten lassen.«

»Ich vergebe dir«, antwortete er mir. »Und jetzt setz dich zu mir hin, wenn auch nur für ein paar Minuten, und wir beten zusammen, bevor du gehst.«

Montag, der 29. Dezember

Heute hatte ich frei, also gedachte ich ein paar Stunden in meiner WERKSTATT herumzubasteln. Jesus traf mich an der Kellertür, gerade als ich runtergehen wollte. Ich überlegte mir, dass er bestimmt mal gerne meine Werkzeuge sehen würde, als Zimmermann von Beruf würde ihn das bestimmt interessieren. In der Tat, er war ziemlich beeindruckt von meiner umfangreich ausgestatteten Werkstatt.

»Ich bin sehr stolz auf diese Werkstatt«, verkündigte ich. »Ich habe für so ziemlich alles das entsprechende Werkzeug und das dazugehörige Material.«

»Klasse!«, sagte Jesus. Er warf einige Blicke durch den Kellerraum und sagte dann mit enttäuschter Stimme: »Ich sehe nichts, was du gemacht hast.«

»Na ja, ich habe die hier gebaut.« Ich kramte drei Balsaholzflieger hervor.

»Ist das alles? Ich dachte, jemand der so gut ausgerüstet ist wie du, hätte mehr zu Stande gebracht«, erwiderte er traurig.

»Ich mag Spielsachen, also bastele ich sie«, erklärte ich offenherzig. »Außerdem kann ich nichts anderes. Ich fürchte, die meisten meiner Werkzeuge sind im Grunde genommen wertlos für mich. Ich habe einfach nicht die Fertigkeiten, sie zu benutzen.«

Auf seinem Gesicht erschien ein Lächeln. »Das lernst du noch«, ermutigte er mich, »ich werde dir das Nötige beibringen. Mach mir einfach alles nach.« Also ich muss zugeben, er versteht wirklich etwas von seinem Geschäft. Ich bin oftmals total erstaunt, wie gut die Dinge sich wenden, wenn er mich da durchlotst. Ich werde noch ’ne Menge lernen, dessen bin ich mir sicher.

Mittwoch, der 31. Dezember

Voll die Fete heute Nacht! Wir werden das Neue Jahr in gebührender Weise empfangen! Alle meine Freunde werden da sein und wir werden so richtig auf den Putz hauen.

Donnerstag, der 1. Januar

Ich fühle mich schrecklich. Letze Nacht war keine gute Nacht und ich hatte überhaupt keinen Spaß. Folgendes war geschehen:

Ich habe diese Party in meinem HOBBYKELLER geschmissen. Die meisten Gäste waren schon da. Tratsch und Lust machten auf dem Sofa herum. Arroganz und Neid spielten Ping-Pong und schrien sich gegenseitig an. Trunkenheit stand mitten auf dem Fernseher und krakeelte aus vollem Hals: »I can't get no satisfaction.« Verdorbenheit mit seinen anzüglichen Witzen und verkommenem Sinn für Humor wärmte sich auch langsam auf.

Der Abend ging gerade so richtig los, als Christus hereinkam. Den hatte ich ganz vergessen. Ich denke, ich wusste genau, was für eine Art von Abend dies werden würde, und deshalb hatte ich ihn gar nicht erst eingeladen. Er sah sich um mit einem Gesichtsausdruck, der besagte: »das habe ich alles schon mal gesehen«. Er kam zu mir rüber und fragte mich: »Gefällt dir so etwas?«

»Na, ja, das ist einfach mal ein lockerer Abend«, erwiderte ich. Meine Freunde hörten zu und ich wollte ihre Gefühle nicht verletzen. »Nichts Schlimmes. Einfach mal ein bisschen Spaß haben dürfen.«

»Und, macht's?« fragte Jesus.

»Macht's was?« Ich hatte keine Ahnung, was er meinte.

»Macht es Spaß?« Er sah mich durchdringend an und ich konnte einfach nicht lügen.

»Also, nicht wirklich«, gab ich zu. »Ich habe früher so gedacht, aber jetzt nicht mehr.«

»Willst du Spaß haben? Ich habe den Spaß erschaffen«, erinnerte er mich. »Ich werde dir einige von meinen Freunden vorstellen. Wir zeigen dir mal, wie richtiger Spaß aussieht.«

Ich schäme mich dafür, was ich als nächstes tat. Ich habe ihn abgewiesen. Ich bin einfach weggegangen und habe ihn dastehen lassen. Ich ignorierte ihn, und nach einer kleinen Weile ist er dann gegangen. Ich weiß nicht, warum ich das gemacht habe. Es schien mir einfach, als ob er zu viel verlangte. Um die Wahrheit zu sagen, zu jenem Zeitpunkt kamen mir doch einige Zweifel über unser Zusammenleben auf.

Aber der Abend war ruiniert. Ich hatte überhaupt keinen Spaß mehr. In der Nacht habe ich dann auch kaum ein Auge zu bekommen. Also bin ich am nächsten Morgen früh aufgestanden und habe die Sache mit Jesus wieder in Ordnung gebracht. Und während ich mich deswegen kaum besser fühle, versichert er mir seine Hilfe, um darüber hinweg zu kommen.

Mittwoch, der 6. Januar

Ich war auf dem Weg, um Jesus diesen Morgen im Wohnzimmer zu treffen, als er mir in der Diele entgegentrat. Er verzog das Gesicht und ich konnte sehen, das etwas ihn stark beunruhigte.

»Was ist los?«

»Hier ist etwas, das am verwesen ist«, sagte er. »Ich kann es riechen. Eine Ratte oder so etwas wird wohl hereingekrabbelt sein und in deiner GARDEROBE verendet sein.«

Mein Herz setzte aus. Ich wusste, was in meinem Garderobenschrank war, und wollte auf gar keinen Fall, dass er dort hineinschaute. »Oh, da wird schon nichts sein, Herr«, versicherte ich ihm. »Lass uns ins Wohnzimmer gehen und dort reden.«

»Ich möchte über deinen Garderobenschrank reden,« sagte er. Sein Entschluss stand fest.

»Ach, da ist eigentlich gar nichts, ähm - nur ein paar Antiquitäten.«

»Antiquitäten?« Er sprach es aus, und sah, meine Gedanken lesend, in mich hinein.

»Tja, nur ein paar persönliche Dinge«, sagte ich bei dem Versuch, meine Fassade aufrecht zu erhalten. »Also, genau genommen geht es dich ja auch nichts an.«

Mit absoluter Treffsicherheit hatte ich genau das Falsche gesagt. Das war mir klar, sobald ich es ausgesprochen hatte.

Er beachtete den Kommentar überhaupt nicht. »Du erwartest doch wohl nicht von mir, hier mit etwas zusammen zu wohnen, das am verwesen ist, oder?« Dann lächelte er. »Ich glaube, deine 'Antiquitäten' sind ein bisschen verschimmelt und es ist an der Zeit, sie los zu werden. Lass uns den Schrank ausmisten.«

»Oh, Herr, ich weiß, dass ich alles herauswerfen sollte, aber ich kann einfach nicht. Ich hab nicht die Kraft dazu. Kannst du das nicht erledigen? Ich hab Angst. Ich mag dich kaum fragen, aber ...«

»Sprich nicht weiter. Gib mir einfach den Schlüssel und ich besorge den Rest. Das macht mir nicht das Geringste aus.«

So machte er es. Er reinigte den Garderobenschrank und verlor nie wieder ein Wort darüber. In letzter Zeit habe ich darüber nachgedacht, ihm das Hausrecht für diese Hütte zu geben - alles soll ihm gehören. Ich bin sicher, er kann besser damit umgehen als ich. Was meinst du, was er sagen würde, wenn ich ihn frage?

Aus: »My Heart - Christ's Home« von Robert Boyd Munger.

1. Johannes
Aufgaben zur täglichen Bibellese

(Verwende dazu das Blatt »Stille Zeit Notizen«)

Tag	Bibeltext	Tag	Bibeltext
1	1,1-4	15	3,15-18
2	1,5-10	16	3,19-24
3	2,1-6	17	4,1-3
4	2,7-11	18	4,4-6
5	2,12-14	19	4,7-12
6	2,15-17	20	4,13-16
7	2,18-20	21	4,17-21
8	2,21-25	22	5,1-3
9	2,26-27	23	5,4-5
10	2,28-29	24	5,6-8
11	3,1-3	25	5,9-12
12	3,4-8	26	5,13-15
13	3,9-10	27	5,16-17
14	3,11-14	28	5,18-21

Stille Zeit Notizen

Datum ______________________________

Bibelstelle __________________________

Thema ______________________________

Schlüsselvers ____

Zusammenfassung ____

____

____

____

____

____

Persönliche Anwendung ____________________________________

____

____

____

____

____

Für deinen persönlichen Gebrauch kannst du dieses Blatt kopieren.

Bibelverskarten zum Auswendiglernen

Jeder Vers auf diesen Karten ist in zwei Übersetzungen wiedergegeben: *Revidierte Elberfelder* (Vorderseite) und *Hoffnung für alle* (Rückseite). Die Verse beziehen sich auf die Angaben in den Lektionen dieses Kurses. Schneide sie aus und ebenso die Aufbewahrungsbox (entlang der dicken schwarzen Linien). Falte die Box zusammen und tue die Kärtchen hinein. Folge den Anweisungen, die auf der Box stehen.

Freue dich über den Segen des Auswendiglernens von Bibelversen!

1. Errettung 1. Johannes 5,11

Und dies ist das Zeugnis: daß Gott uns ewiges Leben gegeben hat, und dieses Leben ist in seinem Sohn.

2. Gottes Absicht Philipper 1,6

Ich bin ebenso in guter Zuversicht, dass der, der ein gutes Werk in euch angefangen hat, es vollenden wird bis auf den Tag Christi Jesu.

3. Gottes Liebe Johannes 3,16

Denn so hat Gott die Welt geliebt, dass er seinen eingeborenen Sohn gab, damit jeder, der an ihn glaubt, nicht verloren geht, sondern ewiges Leben hat.

4. Andere lieben 1. Johannes 3,23

Und dies ist sein Gebot, dass wir an den Namen seines Sohnes Jesus Christus glauben und einander lieben, wie er es uns als Gebot gegeben hat.

5. Christus in dir Johannes 15,5

Ich bin der Weinstock, ihr seid die Reben. Wer in mir bleibt und ich in ihm, der bringt viel Frucht, denn getrennt von mir könnt ihr nichts tun.

6. Gottes Wort Psalm 119,9

Wodurch hält ein Jüngling seinen Pfad rein? Indem er sich bewahrt nach deinem Wort.

1. Errettung 1. Johannes 5,11

Gott aber hat ganz eindeutig erklärt, dass er uns das ewige Leben schenkt, und zwar nur durch seinen Sohn Jesus Christus.

2. Gottes Absicht Philipper 1,6

Deshalb bin ich auch ganz sicher, dass Gott sein Werk, das er bei euch durch den Glauben begonnen hat, zu Ende führen wird, bis zu dem Tag, an dem Jesus Christus wiederkommt.

3. Gottes Liebe Johannes 3,16

Denn Gott hat die Menschen so sehr geliebt, dass er seinen einzigen Sohn für sie hergab. Jeder, der an ihn glaubt, wird nicht verloren gehen, sondern das ewige Leben haben.

4. Andere lieben 1. Johannes 3,23

Und so lautet Gottes Gebot: Wir sollen an seinen Sohn Jesus Christus glauben und einander so lieben, wie Christus es uns aufgetragen hat.

5. Christus in dir Johannes 15,5

Ich bin der Weinstock, und ihr seid die Reben. Wer bei mir bleibt, in dem bleibt mein Leben, und er wird viel Frucht tragen. Wer sich aber von mir trennt, kann nichts ausrichten.

6. Gottes Wort Psalm 119,9

Herr, wie kann ein junger Mensch leben, ohne schuldig zu werden? Indem er sich nach deinen Geboten richtet.

Anweisungen

- ➜ Trage diese Box immer bei dir.
- ➜ Lerne einen Vers pro Woche auswendig.
- ➜ Wiederhole jeden Tag alle Verse, die du bereits gelernt hast.
- ➜ Lass dich jede Woche von jemandem abfragen.
- ➜ Wende täglich jeden Vers auf dein Leben an.

7. Gebet Johannes 16,24

Bis jetzt habt ihr nichts gebeten in meinem Namen. Bittet, und ihr werdet empfangen, damit eure Freude völlig sei!

8. Jüngerschaft Matthäus 4,19

Und er spricht zu ihnen: Kommt, mir nach! Und ich werde euch zu Menschenfischern machen.

9. Gottes Wille Sprüche 3,5-6

Vertraue auf den HERRN mit deinem ganzen Herzen und stütze dich nicht auf deinen Verstand! Auf all deinen Wegen erkenne nur ihn, dann ebnet er selbst deine Pfade!

10. Prioritäten Matthäus 6,33

Trachtet aber zuerst nach dem Reich Gottes und nach seiner Gerechtigkeit! Und dies alles wird euch hinzugefügt werden.

7. Gebet Johannes 16,24

Bisher habt ihr in meinem Namen nichts von Gott erbeten. Bittet ihn, und er wird es euch geben. Dann wird eure Freude vollkommen sein.

8. Jüngerschaft Matthäus 4,19

Jesus rief ihnen zu: »Kommt mit mir! Ich will euch zeigen, wie ihr Menschen für Gott gewinnen könnt.«

9. Gottes Wille Sprüche 3,5-6

Verlass dich nicht auf deine eigene Urteilskraft, sondern vertraue voll und ganz dem Herrn! Denke bei jedem Schritt an ihn; er zeigt dir den richtigen Weg und krönt dein Handeln mit Erfolg.

10. Prioritäten Matthäus 6,33

Gebt nur Gott und seiner Sache den ersten Platz in eurem Leben, so wird er euch auch alles geben, was ihr nötig habt.

Jesus nachfolgen

Bibelverse-Lern-Box